香港戲院搜記

影畫爭鳴

黃夏柏 著

中華書局

寫在前

與戲院結緣，繼而撰寫相關的文字，若問緣起，往往視 2006 年 7 月底發表第一篇網誌為起點。但想深一層，那千絲萬縷的關係又豈止這麼一段短程路能概括。

在戲院觀看電影的最早記憶，是七十年代初在澳門平安戲院看《兩小無猜》。那時大概 4 歲，它的個別畫面深印腦海。晃眼 40 年過去，聽利雅博憶述父親利章當年做西片宣傳和發行工作時，陌生中卻生起熟悉感。1971 年，利老先生經營的恩培羅影片公司正正發行了《兩小無猜》，片名亦是他的譯作。言猶在耳，剎那間恍若打通了時光隧道，把幾十年前一些游離的人與事連起來，繼而開闢另一些時空管道，再往深處探，把昔日的片段逐步整合，戲院銀幕以外的畫面，同樣精彩。

要不是那個網誌，或許無法接觸到利雅博。從建立網誌那個起點走過來，幾年間，由於撰寫戲院，因緣際會下接觸到幾位業界從業員，如崔顯威，以及畫師姜志名和吳達元，並在他們介紹下，認識到甄卓岩和前輩畫師黃金。至於放映師羅錦存和戲院經理，則是冒昧的叩門，邀約話當年。

作為尋常市民，不代表任何學術機構或研究組織，如此趨前請教，實屬唐突，猶幸他們沒有距人千里之外，更願意翻動舊憶，由繪畫戲院大牌、西片宣傳、電影放映到戲院管理，娓娓細述多年來與戲院交臂同行的經驗，實在感激。

筆者與家人從未和戲院工作沾上邊，難以結識院人，走進業界內部的橋樑可說是無從建築，對其運作僅有從旁窺探的掠影浮光。這次聽幾位受訪者侃侃暢談，縱然他們工作的戲院早已清拆，憑藉仔細的憶述，恍若領筆者回到昨天，走進戲院的每個角落，為平日翻閱的文字資料加入一闋闋活見證。

進戲院看電影，無法越界闖入票房、機房或辦公室，能近距離接觸的，就是外牆廣告大牌，還有大堂的畫片和美術裝飾，以及通過戲院派發或銷售的電影宣傳品。基於筆者對戲院大牌的鍾愛，書本闢出一定篇幅重塑當天「影」「畫」爭鳴的熱鬧歲月。同時，亦為電影宣傳品略作考證，期望添上點滴紮實而富趣味的文字。至於當天無法闖進的票房、機房和辦公室，在第三部分的訪談中，能略探一二。

　　本集子的文章均為全新撰寫，記下近年與戲院中人的訪談，亦把歷年來蒐集的圖文資料整理，目的源於分享。因此，文章適量加入附註，一來把部分內容釐清，二來可與同道中人分享資料來源，大家循此路進，或會找到另一片天地。

　　源於家人是影迷，筆者自幼已進戲院，但歷來只有一個身份——觀眾。對戲院及電影業，觀眾都是重要的，但以這個身份回溯觀影經驗，僅有一個角度。這次藉着從業員的故事，讓我突破了撰寫個人經驗，能透過業界中人的縱向發掘，為戲院書寫提供更多角度。

　　坊間關注戲院的朋友不少，更不乏專家，筆者以淺陋的知識與閱歷，斗膽持續撰寫戲院文字，既是興趣，亦是分享，更不自量力地希望為行業的進程理出個初步概略，當中難免有錯漏，懇請賜正。

鳴謝 / Acknowledgement　（排名不分先後）

感謝黃金、姜志名、甄卓岩、吳達元、利雅博、羅錦存、崔顯威及戲院經理接受訪問，並借出圖片。

另外，感謝以下人士提供圖片及戲票供刊登：
李榮樂、辻村憲章（Noriaki Tsujimura）、許日彤、鄭寶鴻

同時，亦感謝以下機構和院校，提供其館藏圖片：
大公報、South China Morning Post、澳門藝術博物館、香港歷史博物館、香港政府檔案處歷史檔案館、The American Geographical Society Library, University of Wisconsin-Milwaukee Libraries

目錄

戲院大牌搜記

影畫爭鳴

戲院外牆的喧鬧繽紛

當各片畫板繪畫完畢,便於影片公映前一天黃昏,運送到戲院,掛畫工人把上一期的畫板卸下,再把新的一批逐幅懸上,落畫上畫,入黑後,完整的大牌便在大道上放亮,率先引得附近坊眾圍觀。

楔子

回溯舊文，早於 2002 年秋季遊歷三藩市後，寫下短文〈Castro〉，淺談當地著名的 Castro 戲院，投到《明報》副刊「自由談」欄目，於 12 月 8 日刊出。若以時間論，那大概是首度撰寫戲院文字。翌年，讀過台灣出版的《陳子福手繪電影海報集》後，又寫下另一短文投到同一欄目，文章於 12 月 29 日刊出，內容如下：

當最後一張畫板拉上繫到鐵架上，偌大的電影廣告畫便告完成。天亮後，大道上又是一片煥然一新的景觀，過路人都向電影院這邊投以殷切的目光。

看陳子福的手繪電影海報，便想到那些年在電影院外牆的巨大電影廣告畫。精細描摹的筆法，粗中有細的着色技巧，都是一個時代的特色。獲台灣電影史家稱為「國寶級電影手繪海報藝術家」的陳子福，五十多年前便為各式各樣公映的電影繪畫宣傳海報，以他細緻的畫筆、無盡的心思，影片角色的一悲一喜、場面的一動一靜，全都躍然紙上，海報圖像豐富，色彩鮮明，好好的演繹宣傳的角色。

陳先生曾為大量台語電影繪畫海報，隨着這些電影大量散佚，這些海報以它傳真的畫像留下珍貴的影史資料。1999 年第一屆台北電影節中，更特別舉辦了他的手繪海報展覽。

數十年前，手繪海報是電影海報的主流，科技進步，照片漸漸代替了手繪畫像，即使在電影院高懸的廣告畫亦然。今天，這種廣告畫差不多已絕跡，代之而起是教人目眩的燈箱廣告。1987 年拆卸的舊**普慶**戲院，最教人難忘的一點，正是它的大型廣告畫，那年《電影雙周刊》的紀念專題，亦特別走訪了當時的廣告畫師黃金。

乘着電車於大道穿行，映入眼簾的一幀又一幀電影院大型廣告畫，像無形的揚聲器，喧喧鬧鬧，百家爭鳴，疾呼即日公映、下期上映的好戲碼，好一幅熱鬧的大道景觀。

隨着最後一幅畫板從鐵架上拆下，大型電影廣告畫便分崩離析。大道又復歸平靜。

重讀才發現當時我是用「電影院」而非「戲院」，是否受該本來自台灣的讀物影響，竟捨下香港慣常用的詞彙「戲院」？文字的緣起在於陳子福的手繪海報，但我成長的年代，海報大多用照片製作，看着陳氏的作品，腦海想起懸掛於戲院外牆的大型廣告看板，它們由人手繪畫，畫像傳真，直長形廣告架上呈現的，就如一張倍大的海報。

文中提到「乘着電車於大道穿行，映入眼簾的一幀又一幀電影院大型廣

告畫」，浮於腦海的畫面，是銅鑼灣**翡翠**戲院及**百樂**戲院的廣告看板。標題「影畫爭鳴」則是移花接木。猶記多年前一個菲林牌子曾舉辦攝影比賽，每週選出一張入圍作品，其中一星期的作品照下大道上橫七豎八的招牌，標題是「百家爭鳴」，名字早植入腦，寫這篇談說戲院廣告看板的文章，它又走出來，說的是「影」與「畫」，而鬧區又常有兩三家戲院立於同一街道上，確有「爭鳴」之勢。

廣告看板製作流程

戲院外牆的廣告看板，行內人稱為「大牌」，一般包含幾個元素：明星頭像、影片場面、與電影相關的文字資料（如戲名、宣傳語句、演員導演名字及出品公司）。大牌的圖像主要取材自電影海報或劇照，畫師偶有觀看試片，了解影片的類型、內容，製作氣氛匹配的畫稿。但畫師工作繁忙，影期緊迫，日以繼夜趕工，往往難以騰出時間看試片。

大牌的畫稿一般由主筆起草，亦偶有邀請知名人士起草，畫師姜志名便藏有一幅由董培新所起的大牌草稿。為大牌起稿，主要是確定主題、圖像佈局及文字擺位，一幅看板不僅是一幅畫，更肩負宣傳影片、吸引觀眾入場的使命，必須焦點明確，一矢中的地傳遞信息，其中一位受訪畫師甄卓岩說，須視乎影片是恐怖、驚慄或愛情類，便在構圖和顏色上花心思，營造脗合的氣氛。

經歷那個年代的人，定然記得戲院大牌的吸引力，尤其旺區的龍頭大院，大牌有時把整幢戲院大樓覆蓋。大牌上的圖像，都是從海報、劇照

❶銅鑼灣翡翠、明珠戲院的大牌，攝於 1991 年。

放大而來，倍大模式純屬手作經營：先在劇照上編方格，再在畫板上畫下對應並倍大了的方格，然後把劇照每個方格內的圖像按比例放大到畫板上。為了更準確的捕捉面部輪廓，有時候會在格仔內加入斜線，仔細定位，才能畫出像真度高的圖像。若當年你有留意戲院大堂張貼的劇照，就不難發現部分仍留有鉛筆編畫的小方格。

廣告大牌是由不同數目的畫板組成，畫板的大小基本劃一為 4 呎乘 6 呎，行內人稱為「四六呎板」。各家戲院的廣告畫架大小不一，所用的畫板數量亦有別，由數十塊到過百塊不等，無論有多少塊，基調都是「化零為整」──把多幅畫板組成大畫。繪畫時則是「化整為零」，因為畫室空間有限，只能逐塊板來繪畫，見頭不見身，見手不見腳，除了放圖要準，畫師繪畫時，要注意整體感，否則，畫板併合時，才發現色調、光暗不對，上下兩幅板的圖像，貌與神均離題萬丈，便難以補救。

早年戲院廣告畫是畫在帆布上的，電影下片後便拆除，用水洗去顏料，晾乾後再用。其後廣告畫轉移畫在木板上，木板亦非用完即棄，回收後會用白油「打底」，還原為白板，多次重用。

顏料亦與時並進。早年採用的粉劑顏料，需混入塗膠，以沸水攪拌混合。當時的顏料並無防水功能，但廣告大牌懸於室外，風吹雨打，若電影映期長，期間又經歷風雨飄搖的日子，看板上的人像難免面目模糊。後來會噴上膠劑，增加防水能力。

大牌上，除了圖畫，還有文字。一般而言，畫圖和寫字是由兩位不同

（圖片提供：姜志名）

❷ 畫師於逼仄的畫室繪畫廣告大牌。

的師傅負責，寫字的師傅會採用不同的字款，鬆出戲名、宣傳語句等。擔任戲院美術的，還要處理大堂各類文字書寫工作，例如每個月的早場、公餘場戲碼、畫片箱內的「片芯」等。

行頭窄，僅有七家主力公司

當各片畫板繪畫完畢，便於影片公映前一天黃昏，運送到戲院，掛畫工人把上一期的畫板卸下，再把新的一批逐幅懸上，落畫上畫，入黑後，完整的大牌便在大道上放亮，率先引得附近坊眾圍觀。

早年，部分較具規模的戲院設有美術部，負責繪畫廣告大牌及處理各項院內的美術工作，後來，繪畫工作大多由外邊的美術廣告公司承接。1981 年底，《電影雙周刊》曾訪問當時從事繪畫廣告大牌的聯合電影廣告公司負責人侯詠彬，他指出，當時麗聲院線及邵氏院線麾下戲院的廣告大牌，均由院線本身的美術部負責繪畫，至於嘉禾則交由外間的公司處理。而他營運的公司，主要為**倫敦**、**總統**及**普慶**等戲院繪畫大牌。[1]

訪問中，他不止一次提到戲院廣告畫「行頭窄」：「我們這一行行頭很窄，全港只有幾間公司專做這些大牌，行內的人很少。」又指出：「這一行行頭窄，有事找我們行家會通知，即使出了名對我們也不起什麼作用……這行來來去去都是這班人，有誰搶你生意？沒有什麼競爭的。」

當時和侯詠彬一起經營聯合電影廣告公司的甄卓岩，和筆者分享了工作經歷（見本書〈訪甄卓岩〉一文）。他特別記下七八十年代香港七

家主力負責戲院大牌工作的美術廣告公司，除了他與侯經營的聯合，
還有劉煒堂的孔雀、林祖裔的美林、張金戈的金馬、陳炳森的野馬、
黃金的綜藝，以及吳達元的恆裕。他說這七家公司已包辦了全港大部
分戲院的大牌。

回看八十年代，業界仍呈現一片熱鬧，不過，侯詠彬在上述《電影雙
周刊》的訪問已披露：「這一行的前途如何？我看不會有大的發展，
特別是如果迷你戲院普及起來，這一行就更難做。現時新人不多，亦
沒有嚴格的學徒制度，個別新人做了一段時間便轉向其他方面發展。」

進入廿一世紀，戲院的模式已變，多映廳影城壓倒性的成為主流，鬧
區的戲院，銀幕總數或許遠勝往昔，但影畫已經不再爭鳴。

---

[1]　〈侯詠彬雙手拼出畫千丈〉，第 73 期《電影雙周刊》（1981 年 11 月 12 日），P.30-31。

從寫意到傳真

戲院廣告畫的起落

廣告畫屬臨摹性質，我們常以「似唔似」來品評，但來自畫筆的圖像，總有寫意成分，只有接納這調子的人才能領略，當大家都以照片或影像那種絕對傳真的準則作衡量，手繪廣告畫便失去存在的理據。

1986 年 4 月，還是過客之身，前來香港參加高等程度會考，趁機跑到戲院看《非洲之旅》。乘電車趨近銅鑼灣**百樂**戲院，電影還未入眼，已拜倒於戲院外牆的大型廣告畫，心下連連發出讚嘆之聲。

同年 9 月從澳門移居香港，進這兒的戲院看電影，賞外牆精工細作的大牌。鬧區如銅鑼灣的**翡翠**戲院，以至我家附近的**金鴻基**戲院，直長廣告架上懸起的看板，瑰麗矚目，為街巷綴上喧鬧的色彩。原來，那是手繪廣告畫的最後時光，它已從七八十年代的高峰下滑。

Harrison Forman 的香江舊影

香港的戲院從何時起流行懸掛外牆大牌，宣傳公映的電影？也許一些收藏家或學者已有答案，但我卻苦無渠道搜尋老戲院的舊照，仍未能解答這問題。

生於美國威斯康辛州米爾華基的新聞攝影記者 Harrison Forman（1904-1978），曾遍走歐亞非多國，並攝下大量照片，當中包括一批上世紀四五十年代香港的市區景觀和民生狀貌，相當珍貴。照片現由美國米爾華基大學圖書館收藏，這次徵得該館許可，在這兩本集子

刊登其中 8 張。

翻看 Forman 的照片，四十年代初，位於市中心的**皇后**、**娛樂**、**東方**及**普慶**等戲院，雖然都有掛起大牌，但規模細小，只在戲院大門上方鑲起一道橫幅。其中一張照片攝下灣仔**香港**戲院的畫板，僅屬小型製作，用三片畫板合成一張大畫，以油畫筆觸繪上西部牛仔爭逐的場面，宣傳「不日放映」的西片《毒蛇黨上集》。[1]

Forman 的照片透視四十年代戲院廣告畫的幾個片面，我起初武斷地以為：那時候戲院的廣告畫還未成氣候，規模細小。特意向現年 84 歲、任放映員達 60 年的羅錦存先生請教（有關訪問見本書〈放映師的半生戲緣〉一文），他說：「戰後就有這些廣告畫。」想了想，他再補充：「戰前都有畫的，一樣那麼大幅。」他想起的是中環**新世界**戲院三十年代的一幅大型廣告畫，縱然經過 75 年，仍歷歷在目。

1939 年 11 月 24 日，**新世界**戲院放映楊工良導演的《火燒石室》，該片改篇自清末「梁天來告御狀」的真實事件，片中梁天來和凌貴興，分別由林坤山及鄺山笑飾演。羅先生指出，當時戲院做了一幅活動大牌，畫中凌貴興的人像，手執紙扇，通過活動裝置，手能上下移動，造到手起扇落的效果，那柄扇子反覆的敲打梁天來的頭臚，突顯片中梁天來受凌貴興欺侮的主線。他說：「好耐之前的事了，已經『咁巴閉』，那時覺得好新奇！」

（圖片提供：The American Geographical Society Library, University of
Wisconsin-Milwaukee Libraries）

❶ Harrison Forman 拍攝的《毒蛇黨上集》大牌，根據戲院即日放映《關東大俠》，再對照報章的放映資料，估計照片約攝於 1941 年 9 月 6 至 10 日，地點為灣仔香港戲院。

二十年代戲院廣告裝飾

既然上世紀三十年代末戲院已高懸廣告畫作宣傳，甚至出現「動起來」的大牌，那麼，二十年代又是怎樣的風景？當時都市化的程度不若三四十年代，但其他行業通過高懸廣告畫作宣傳，已非奇事。

以往，每年八月初一，茶樓餅家便懸起大型廣告畫，慶賀中秋，宣告發售月餅，此一傳統，早於二十年代已盛行。曾有作者撰文描述當時茶樓「月餅招牌」的盛況：

本港各茶樓，每年一到八月初旬的時候，那個月餅招牌，真是萬萬不能缺了的點綴。老板求暢旺起見，特聘著名畫師，施起妙手丹青，塗得滿紙雲煙。大月餅啊！產地皮啊！據地盤啊！那是年前最興的諷刺畫，什麼粵人治粵，桂人治桂，趁着這個中秋，用尖刻銳利之筆，寄意於月餅招牌，大發牢騷，差不多十年如一夕了。近一兩年間，月餅招牌之款式，也略略改良了，有的仍然繪着諷刺畫，有的用木雕刻百卉或故事，懸一個金魚缸於其下，又有塗上吳宮賞月，唐皇遊殿，西遊雜事，荔灣風月等景，以資點綴，八月初一之前一夕，這個月餅招牌，已老早籌備一切來掛起在門前了。[2]

這段文字以遠看近觀的角度透視廣告畫的細微末節，原來當年已向時事取材，諷刺時弊。製作上，是由「著名畫師」執筆，並出現「雕刻」和懸掛實物，令廣告看板充滿立體感。雖然文中沒明言廣告畫的大小及放置的地點，但畫板是「掛起在門前」，加上要繪以大量圖案，起

矚目效果，規模理應不小。

銷售月餅乃茶樓的年度盛事，自然願意花費宣傳，戲院則天天運作，
未必能經常花錢張燈結綵，但懸掛廣告看板仍是熱門的選擇。1927 年
3 月，報章刊出一則關於電影《浪蝶》的影評，文首作者指出：「近幾
天，路上掛了**新戲院**影薛覺先主任《浪蝶》影片的招牌。」[3]《浪蝶》
在**九如坊新戲院**公映，不清楚文中說的「路上」，是指戲院外的道路，
抑或一般街道，卻說明戲院已在向街的地點懸掛廣告畫板，宣傳公映
的電影。

相較**太平**和**高陞**，**九如坊新戲院**的名氣和規模稍遜，但在宣傳上倒花
心思。1927 年 5 月，該院放映《豬八戒招親》，引起多位作者寫下評
論文章，投到報館。其中一位提到甫抵達戲院，發現「於時**新戲院**之
門，點綴璜麗，彩緞蟠柱，像生高懸，柱壁兩旁，綴『豬府迎親』四
字。」[4]其後，該院陸續放映了《馬騮精大戰金錢豹》及《薛丁山三棄
三請樊梨花》，幾套中國默片均涉及「招親」橋段，報章再刊出兩篇
文章，不若而同談到戲院的佈置。

其中一位指該院「接一連二的是招親的影片，而且張皇其門面像煞有介
事的點綴起來」[5]。另一位作者更細心，從放映《豬八戒招親》開始點
算：「去到這所戲院門口，最觸我目的，又是一雙大燈籠，大書豬府
迎親。」電影下畫，新片登場，裝飾亦略改，「及至第二次演金錢豹，
又是這樣宣傳和佈置，只是那大燈籠面豬府的豬字已改為金字」。其
後再換映另一新片，「不料第三次的薛丁山招親，又是『照樣煮碗』，

❷

（圖片提供：The American Geographical Society Library, University of
Wisconsin-Milwaukee Libraries）

❷四十年代，中央戲院在砵甸乍街懸放廣告畫宣傳上映的電影，如陳雲裳、薛覺先演出的粵語片《風流皇后》。

而門前大燈籠之金府又改做薛府了」。[6] 作者揶揄該院選片因循，裝飾亦徒具噱頭，因陋就簡，卻透視當時戲院一如今天，會按公映的電影來粉飾門面，高懸裝飾品。

至於公演粵劇的戲院，也發展出一套獨特的宣傳佈置策略。1926 年底，報上一篇文章論及演粵劇的戲院藉高懸伶人玉照，吸引戲迷。文章指出，戲院向來沒有把名伶照片懸於院外作宣傳，直至 1925 年，京劇演員程硯秋來港於**太平**戲院獻藝，「戲院之衢道，遍懸程伶暨諸伶扮相之照像，不下二三十餘。」此風一開，模仿者接踵而至，最先仿效的是珠江艷影女班，作者「曾於**普慶高陞**諸戲院觀該班劇，戲院之門，以電燈綴該班上角陳佩珊、蘇州麗、雪影鸞、陳佩初、陳少偉諸伶之像懸之。」[7]

廣告畫更上一層樓

由懸掛伶人俏像，到粉飾戲院門面，把精美的圖像置於高處或矚目的地方，顯然能收到廣告之效；隨着歲月推移，規模持續擴大。戰後，李祖永與張善琨在香港成立永華影業公司，創業作《國魂》於 1948 年公映，宣傳上大灑金錢，突圍而出，上海的雜誌亦有報導：「《國魂》在九月八日那天，上映於香港**娛樂**大戲院，是日該戲院之門首掛燈結綵，並高紮牌樓，院外高豎文天祥大像，高逾四層樓房。開映前由李麗華、周璇、孫景璐、陳琦四明星剪綵，在香港玩了一次不大不小的新花樣。」[8]

（圖片提供：鄭寶鴻）

❸ 1948 年 9 月，《國魂》在娛樂戲院公映，為了造勢，特別在戲院外架起幾層樓高的文天祥像。

（圖片提供：The American Geographical Society Library, University of Wisconsin-Milwaukee Libraries）

（圖片提供：The American Geographical Society Library, University of Wisconsin-Milwaukee Libraries）

❹《血海花》於 1940 年 9 月公映，中央戲院在砵甸乍街放置了宣傳廣告畫，畫的右下方有設計者梁君顯的簽名。

❺ 1958 年 3 月，皇后戲院公映國語片《紅娃》，製作了奪目的大牌，還加上燈泡。

張善琨善於搞宣傳，利用大型看板製造聲勢亦早有先例。1939 年他邀請陳雲裳前往上海拍攝《木蘭從軍》，電影公映前，他花重本宣傳，在戲院外製作了一個五、六層樓高的放大人像，佈置明亮的燈光，上面髹以「新片木蘭從軍」。當時不少人視它為一景點，晚上前來拍照，或特意到來觀賞。影片未映先轟動。[9]

曾聽前輩說舊，普遍認為**皇后**、**娛樂**此等首輪大院，本身已具號召力，甚少樹立牌樓式大牌，《國魂》是鮮有的例子。《國魂》是大製作，公映前一星期已在報章開展廣告攻勢，戲院的牌樓式廣告看板，大概是影片公司的主意。不過，進入五十年代，戲院廣告看板已成為重要的宣傳平台，在建築物外牆不斷伸張，化為都會的一道風景線。

畫家馬瑞璋於 2001 年出版了畫集《歲月回眸：馬瑞璋的懷舊畫集》，當中回顧了他在**皇后**戲院繪畫的廣告畫，更附有照片，記下《西線平魔》、《寶殿神弓》及《印地戰笳聲》三片懸於戲院外大牌的全貌，照片雖小，我卻看得入迷。這批大牌均架搭竹棚作支撐，大幅增加看板的面積，高度達三、四層樓，遮蓋整幢建築物。《西線平魔》的一幅，構圖別具心思：握槍揮拳的壯漢，橫亘其身是呈放射狀的片名，帶點蘇維埃先鋒藝術的況味，效果攝人。[10] 這批作品均完成於五十年代初。[11]（詳見本書〈畫師剪影〉一文）

七、八十年代，大部分稍具規模的戲院，都會在外牆鑲嵌廣告鐵架，懸起醒目的大牌，而**普慶**戲院朝向加士居道的廣告架，更屬龐然大物，教途人不得不行注目禮。其他戲院遇上放映大片時，亦會架搭竹棚，

擴張大牌，甚至突破方塊板框，剪裁靈活而突出的圖像。

於此喧鬧都市，廣告招牌鬥大、鬥搶、鬥亮，昨日今天，並無二致，套用時人的話：「為了宣傳，你可以去到幾盡！」只是，廣告畫架往往是戲院的「增生物」，踰越了戲院設計時的初衷。查看部分戲院剛落成的照片，鑲嵌大牌的框架僅佔外牆一角，顯眼卻不搶眼。站在戲院的立場，大牌的目的是請途人留意戲院公映的戲碼，大家毋須騰出剩餘的目光審視建築物的外觀。因此，把廣告架擴大，擴闊大牌面積，甚至遮蓋建築物，可說理所當然。

手繪寫意，印畫傳真：廣告畫的沒落

跨過八十年代，大牌開始淡出戲院的外牆，有的懸空，僅餘鏽蝕的鐵框供人瞻仰，有的租予其他商戶掛上吃喝玩樂的廣告畫。它的沒落，原因繁多，比方迷你戲院漸成主流，雖然仍保留廣告看板，但同時要展示兩、三個映廳的不同戲碼，面積大減，至於老舊的大戲院，有的切割為小院，大型看板分崩離析，其餘的亦早已緊縮美術開支，畫板製作得過且過，聊勝於無。

面積縮，資源緊，於此十年八載的過渡期，看板上的畫出現異變，眼利者一望而知。例如以彩色影印代勞，最難描畫的角色臉容，一按掣便可傳真顯影，只消在人身及背景手繪加工，便能二合為一。可是，剪貼痕跡其實很現眼，勉強過關，側映老舊戲院衰頹的身影。

❻屯門戲院直至結業，仍以人手繪畫
外牆大牌，卻難掩因陋就簡的模樣。
圖攝於 2006 年。

❼觀塘銀都戲院在清拆前夕，所有廣
告架均被清理，露出戲院原貌，看到
原來的廣告架面積小巧，正立中央。

時代巨輪來勢洶洶，把舊跡悄然輾碎。隨着各種宣傳渠道越見靈活有效，廣告大牌氣數已盡，跨過 2000 年，市內手繪廣告大牌幾近消失迨盡，不過，位於屯門的**屯門**戲院仍舊由畫師繪出一幅幅廣告畫。每次走進戲院，我總留意一側房間的動靜，內裏散落顏料桶、畫板倚牆，但未曾目擊畫師在工作。至 2007 年 9 月 1 日該院結束前，廣告架上的畫仍是人手畫的，縱然手藝拙劣，畢竟出自人手，你會讚嘆它奇蹟般殘留，它更可能是香港最後一片手繪戲院大牌。

此消彼長，手繪廣告畫退潮，巨型的打印廣告畫卻席捲城市。我不止一次目睹銅鑼灣崇光百貨外牆廣告看板於周末凌晨時份更換，長幅畫卷由下而上填滿六、七層樓高的框架。拜先進列印技術成就，照片經高度倍大，仍能清晰的呈現每個細節，百分百傳真，無縫交接，絕無破綻。

手繪廣告畫消失的一個原因，或許是失去欣賞它的眼睛。城市急變，人的觀賞取向也在變，10 年前尚說圖像的年代，今天已是影像的年代，廣告畫、劇照以至海報，全都從戲院消失，換來顯示屏內動個不停的影像。廣告畫屬臨摹性質，我們常以「似唔似」來品評，但來自畫筆的圖像，總有寫意成分，只有接納這調子的人才能領略，當大家都以照片或影像那種絕對傳真的準則作衡量，手繪廣告畫便失去存在的理據。

手繪廣告大牌仍偶然出現在公眾場合，但已失去昔日的宣傳功能，它還原為一幅畫，起裝飾作用，幸運一點的，或可視為一幅被觀賞的畫。它的再出現，多少得益於物以罕為貴的道理。

1 原照片只攝下廣告板，展示不日放映《毒蛇黨上集》，即日放映《關東大俠》，但不清楚是哪間戲院。對照《大公報》的戲院放映資料，發現 1941 年 9 月 6 至 10 日，位於灣仔的香港戲院放映《關東大俠》，9 月 11 至 14 日則放映《毒蛇黨上集》，故推斷照片約攝於 1941 年 9 月 6 至 10 日期間，地點為香港戲院。

2 弄琴生，〈月餅，招牌〉，1929 年 9 月 4 日《工商日報》。

3 一笑，〈斥浪蝶〉，1927 年 3 月 10 日《工商日報》。

4 朱門客，〈我亦一談「豬八戒招親」〉，1927 年 5 月 16 日《工商日報》。

5 時，〈戲院原來是瓦窰〉，1927 年 6 月 15 日《工商日報》。

6 江夏黃童，〈瓦窰戲院的廣告〉，1927 年 6 月 18 日《工商日報》。

7 時，〈談談戲子相〉，1926 年 12 月 24 日《工商日報》。

8 第 25 期《電影雜誌》（上海），1948 年 10 月 1 日；《國魂》於 1948 年 9 月 9 日晚上 9 時半舉行世界首映。

9 〈訪童月娟談張善琨〉，《香港 - 上海：電影雙城》，市政局，1994 年。

10 照片見《歲月回眸：馬瑞璋的懷舊畫集》第 16 頁。

11 《西線平魔》（Battleground），1950 年 3 月 10 日香港首映；《寶殿神弓》（The Flame and the Arrow），1950 年 12 月 29 日香港首映；《印地戰笳聲》（Kim），1951 年 7 月 14 日香港首映。

戲院廣告畫師

速寫（二）

訪黃金：從不看輕自己，我是藝術家

關乎自家行業的尊嚴，他實在有話要說：「一張純藝術的繪畫，未必如廣告般廣泛流傳，亦不是個個人懂欣賞。但一張廣告畫，若畫得好，掛在街外，很多人會駐足觀看，廣告畫是有力的宣傳工具，它的感染力很大。」

2015 年農曆新年過後，一群昔日的戲院廣告畫師飯聚，前輩畫師黃金
亦有出席，大家談新説舊，歡慶一堂。可惜筆者並不在場，聽畫師説
起此事，我便乘勢追問聯絡黃金的方法，眾裏尋他，終在一個晴朗的
午後，在畫室與他見面。

黃金今年 80 歲。1948 年，年僅 13 歲的他便涉足繪畫戲院廣告行業，
直至九十年代初仍從事相關工作。甫見面，他好奇的問我怎麼會認識
他？説來話長，1987 年，第三代**普慶**戲院（1955-1987）結業，《電
影雙周刊》所做的特輯訪問了他，從閱讀那篇文章至今，認識他的名
字已逾 27 年。

本書訪問的幾位畫師，不約而同談及黃金，並推崇他的畫藝，又分享
當年「四大天王」的業界佳話。對於獲行家封為「四大天王」之一，
黃金笑言未有所聞，早陣子聽後輩提起才知悉。年事已高，身體健康
不復當年，但他的聲線依然有力，實話實説，不吹擂。幾十年擔任廣
告畫師，握筆抹彩，對一己的身份抱有堅定的信念：「從不睇低自己，
我直情係藝術家。」

入行在澳門 真光首執筆

黃金祖籍廣東中山，幼年時移居澳門。年紀輕輕已酷愛繪畫，當地並無美術學校，要學畫畫，最直接的途徑莫如入戲院學畫電影廣告。1948年，以其 13 歲之齡便投身戲院行業，在**國華**戲院隨他的叔父、該院美術主任黃學莘學畫畫。

國華是當時澳門的首輪大院，學徒年代，説「學畫畫」未免奢侈：「其實是做雜工，洗筆、刷底色，大概做了十多個月。」期間雖未曾正式執筆畫畫，卻非一無所得：「我會暗中畫畫。平日觀察師傅怎樣做，整個程序記下來，回家自己學，又撿些海報來練習。」他不時跑到其他戲院如**平安、域多利**，觀摩人家的作品，慢慢的琢磨技藝。

經師傅黃學莘引介，他從澳門**國華**一轉來到香港的**真光**戲院任職，由從未執筆畫畫到此間成為戲院的主筆，不僅躍過大海，更屬越級挑戰。不過，那時並非純然人事安排，須經過考核，負責「監考」的是院主邵邨人的兒子。當天的情景仍深印他腦中：「師傅和邵先生外出飲茶，留我在那兒畫一幅畫。他們回來看到我的畫，邵先生很滿意：『得嘅！』這時他才留意到我是那麼年輕，開始疑惑：『佢得唔得呀？』」猶幸師傅表明會有師兄作後備，着對方給黃金機會。

結果，黃金在**真光**工作了3年，把過去偷師練來的技藝實踐，逐漸成熟。位於西營盤的**真光**，當時屬中型戲院，主要映二輪西片。這回越級挑戰成功，之後他再進一步，轉到中區的首輪大院**娛樂**擔任畫師。時為

1954 年，**娛樂**戲院原來的美術主任、本港近代著名畫家李秉，剛卸下了職務，翌年黃金才進入該院任職畫師。

黃金語重心長的說：「在**娛樂**戲院工作，對我是好大的轉變。」所說的變，並非晉身大院聲價十倍，而是建立了人脈關係，找到新的發展方向：「我認識了好朋友李敏，後來他在加拿大成為有名的設計師，我們維繫了數十年友誼。當時他很仰慕我的畫作，更鼓勵我一起出來發展。」在**娛樂**工作了兩年多，他們一同考進剛落成的第三代**普慶**戲院，進入美術部工作：「加入**普慶**，改變了我整個命運。」

與普慶同行 發揮空間大

簡簡單單的一句話，卻看到**普慶**戲院在黃金整個事業歷程佔有舉足輕重的位置。1957 年 12 月 24 日戲院開業公映的《普天同慶艷霓裳》（The Pajama Game），那張廣告大牌便出自他的手筆，他一直任該院的美術主任，直至戲院於 1987 年結業。**普慶**對他之所以重要，因為這兒給了他一片表演的舞台。

「**普慶**的環境很好，位處通衢大道，提供了一個好好的展覽場地，老闆亦肯花錢去搞。」他從大牌畫師的角度，娓娓道來**普慶**的地利。戲院成立之初，與港島**利舞台**聯線，除放映美國八大公司的西片，更公映長城、鳳凰出品及南方影片公司發行的電影。

五六十年代，**普慶**的廣告大牌主要是面向彌敦道的一幅，每遇重點推

❶❷❸第三代普慶戲院由始至終，黃金一直參與廣告美術工作，包括開業時公映的《普天同慶艷霓裳》、1958年公映鳳凰的《搶新郎》及南方發行的《光輝的節日》，他的繪畫歷程亦側映近代中國的一頁政治史。

介的電影，更會加搭竹棚，擴大廣告面積，讓圖像突破長方形框架，高低起伏，活潑跳脫。「起初沒有做到那麼大陣仗，後來主力做左派的電影，他們很重視宣傳，願意花錢做，對畫師很看重，願意接納我建議的構圖，自由度大。」在此無拘無束的環境下，創意既獲得發揮，畫藝亦得以磨練。

30 年來，黃金一直是普慶的受薪全職員工，但那只是其事業的一部分，他後來成立了綜藝廣告公司，承接外間的廣告工作，客戶包括成衣、百貨、夜總會，當然還有戲院。今天回想，他也笑起來，說難以清晰點算曾替哪些戲院繪畫電影廣告。

至於擔任美術主任的戲院亦很多，像早年在**快樂**、**新聲**、**麗聲**，還有剛開業的**香港大舞台**和**百樂**，以及由袁耀鴻經營的戲院，如**太平**及**海運**。一如**普慶**，他和**海運**亦相始終，自戲院 1969 年啟業，一直工作至 1994 年改建為止。談到這裏，他不禁憶念故人：「袁耀鴻是我的知音人，對我好器重。他是**普慶**及**海運**的總經理，臨離開時，仍囑咐接任人重視我。」此間仍欣慰獲對方賞識。

綜藝廣告麾下的客戶相當多，他翻出一張收藏經年但摺疊完好的公司架構圖，上面羅列各個客戶由哪位同事負責，他透過這張圖表來跟進下屬的工作：「當時有十多人幫我手，打工太多，要畫幾個表，列明哪間公司有哪幾個徒弟、何時去哪間戲院辦事……」他指出，很多人難以置信他以一人之力能夠處理大量工作，一切建基於他建立的辦事系統，起到事半功倍之效。

承接繪畫工作時，他的公司設有三級制收費讓客戶選擇，恍若今天的
「套餐」：第一、二級收費，配畫會由其徒弟初步繪畫，他會給予適
度的潤飾，若收取最高級別費用的，則直接由他繪畫主要角色人物。
像當年**太平**、**新聲**及**海運**等的廣告畫，會由他繪畫好主要角色的人像，
然後送到戲院張貼到廣告牌上，再由其他同事繪畫周邊的背景和寫字。

一分錢，一分貨，畢竟是商業世界的金科玉律，重點是一切事先聲明，
明碼實價，你情我願下進行。他強調，若承諾了客戶由其執筆繪畫，
廣告畫的主要角色人像一定出自其手，絕不會假借徒弟之手蒙混過關，
今天他依然斬釘截鐵的説：「主要人物一定由我執筆，人家老闆付給
你額外高的費用，就是想要我畫的人像，若交給下屬畫，往後人家老
闆不會再給你畫。」

為粵片添姿 我有本錢拗

基於承接了不同戲院的生意，他的作品可謂遍佈各區，由西片到國粵
語片戲院均有。他指出，西片的宣傳資料一般較完備，有充足的材料
可據，主要是把圖像按戲院畫架的規格，拼出主題鮮明、鋪陳恰當的
廣告畫，發揮的空間相對有限。相反，粵語片的資料往往零散不全，
要製作效果奪目的大牌，有賴畫師腦力創造。

直至六十年代中，粵語片仍是黑白影像的世界，但戲院懸掛的大牌不
能一片烏黑，畫師手握黑白照，得憑空想像為圖像添色。五彩紛呈雖
云搶眼，但偶爾反其道而行，倒收萬綠叢中一點紅之效。1960 年 8 月

公映的《可憐天下父母心》，懸掛於旺角鬧市的廣告大牌由黃金操刀。他別出心裁的髹上純黑的底色，演員名字則用上灰色，如此深沉調子，頗配合影片悲情寫實的風格。回想當年，他仍流露得意之色：「在當時的環境，能夠用這種大膽的手法去做，違反了他們一般的審美習慣，可算幾越軌。」當時老闆收到這草稿，亦大皺眉頭表示異議，黃金據理力爭：「我夠膽和他們拗，解釋他們想做的是無法吸引人的。我不介意生意是否做得成，亦不會只顧慮老闆的喜好，否則沒有了自己的風格、主張，人人都做的，你又照跟，何來特色？如何突出？一定要做些別人無做的，才收到宣傳效果。」

黃金強調，他只管做好自己的美術工作，毋須曲意奉迎他人以謀一職，不管是老闆或導演，大家一樣平起平坐：「我有本錢拗，自己已經有很多工作，你不找我做，我亦不打緊。」之所以有此條件，亦因為慕名者眾，除戲院老闆，其作品甚至獲得電影導演垂青，如秦劍、楚原、龍剛、謝賢等，均曾邀他繪畫他們執導影片的戲院大牌及設計海報。

幾十年來畫過眾多大牌，問到難忘之作，他頓了半晌才吐露：「畫得最突出的，是《李後主》及《七十二家房客》等。」當年是白雪仙直接邀其繪畫《李後主》的。「在**新舞台**戲院的那幅大牌，十分大型，畫完掛好之後，我特別跑到對街的茶樓望過來，很滿足，感覺畫得很好，兩位主角不輕易畫得好呀！」

1968 年公映的《李後主》，是任白最後參演的電影，亦是當年投資最大的粵語片。電影的戲院大牌、海報等宣傳品，均由黃金承接設計和

❹ 1971 年，黃金曾短暫擔任百樂戲院的美術主任。圖為他（右）與該院經理合照，背景為他繪畫的《獨行俠江湖伏霸》廣告畫。

❺ 黃金亦替粵語片院線繪畫大牌，如這幅懸於旺角鬧市的《可憐天下父母心》廣告畫。

繪畫。「當時任劍輝、白雪仙和我坐下來，一起傾的。」雖然並非每家戲院的大牌均出自他的手，但整個構圖、用色，均由他擬定。

除了戲院廣告大牌，他亦設計了不少電影海報，包括長城、鳳凰、新聯、光藝的出品，以及由南方發行的內地電影如《野豬林》、《艷陽天》等。1998 年初，在大一設計學院舉行的「海報中的黃金」展覽，全面呈現他在海報設計上的豐碩成果。

珍視廣告畫 更貼近群眾

繪畫戲院大牌，雖然是把劇照、海報的圖像移到畫板上，但黃金強調：「我畫畫有自己的一套，若純粹搬字過紙，那就無意思。」他會取捨素材，重組畫面，繪畫過程亦貫注了個人的技藝。給他送上一幅舊照，記錄了 1959 年 11 月**快樂**戲院公映蘇聯電影《靜靜的頓河》的戲院大牌，他確認是其作品，理據不僅在於他當年擔任快樂的美術主任，還有：「我認得是自己的筆法。」

當年獲業界美譽為「四大天王」的畫師，除了黃金，還有利讓、余福康和劉煒堂，他們的畫風各具特色。談到個人畫風，黃金略顯遲疑，然後徐徐回應：「我的畫風傾向柔和，側重柔美的感覺，我不愛太激烈的手法；我亦算重視色彩運用的。」

半生從事廣告畫製作，雖云為商品添衣上妝，和純藝術創作一比，難免被視為矮了一截，姑勿論圈內圈外，抱這種想法的人比比皆是。對於廣

（圖片提供：鄭寶鴻）

❻ 1959 年 11 月公映的蘇聯電影《靜靜的頓河》，快樂戲院的大牌由黃金繪畫主要人物。

❼ 1998 年 1 月 19 日舉行的「海報中的黃金」展覽，採用了他設計及繪畫的《艷陽天》海報作為場刊的封面。

❽ 2015 年 6 月上旬，黃金在大會堂舉行個展，圖為他攝於展覽會現場。

告繪畫在藝術上的定位，黃金有其觀點，他從未質疑商業畫師的價值，信念堅定：「我從來無睇低自己。任何一個職業，你定要做得專，由專而精，才會做到好成績來；第一時間已否定自己，你怎會有心機做下去，如何積極地去做！」

「你認為自己是不是藝術家？」「我直情係一個藝術家！」他毫不遲疑的答。然後補充：「很多人以為畫電影廣告、做商業廣告，就比人低一級，認為這工種不同於放入博物館的作品，不應該有這種觀念。自我降低，無必要，只要做得好，好嚴肅的對待工作，自然會有成績。」

關乎自家行業的尊嚴，他實在有話要說：「一張純藝術的繪畫，未必如廣告般廣泛流傳，亦不是個個人懂欣賞。但一張廣告畫，若畫得好，掛在街外，很多人會駐足觀看，廣告畫是有力的宣傳工具，它的感染力很大。社會並非只需要一類型美術，好像工藝美術、民間美術，我認為提供更多觀賞物品，可讓社會更豐富。」

對待工作，他形容是「不惜工本」的做，不僅是物質上，亦是態度。過去繪畫影星人像，力求完美，要摸索明星千變萬化的臉容，他為影星開「檔案」，把蒐集回來的照片、資料藏到自己設計的資料盒內，盒外貼上名字，以備日後繪畫時作參考。除了藝人，還有其他項目，日積月累，變成了一個私人的資料庫。

鑽研人像畫 辦八十畫展

人年長，健康難免走下坡路。探訪當天，外邊陽光普照，他畫室的窗戶卻被簾子蓋得嚴實，燈亦調得幽暗，黃金還戴了墨鏡，眼睛藏在灰色的鏡片後。他笑說並非扮有型，只因眼睛敵不過烈日強光。

近年已沒有執筆畫畫，但活到老仍學到老，樂於細意認識周遭的新鮮事，為防忘記，快快寫下記錄，亦延續蒐藏趣緻物品的嗜好。不倦的學，既是敬業，亦是情趣。回想當年，廣告畫是不拙的畫，一枝筆早磨得尖利，他仍不倦的跟徐東白、陳學書等名師習畫。

八十年代末，他開始淡出廣告行業，潛心鑽研畫家肖像系列，並從事繪畫教學。基於多年來繪畫電影廣告畫，他格外醉心人像，歷年來已創作了一系列人像畫。2015 年，踏進 80 之齡，他特別舉行個人畫展，選出 80 幅作品，主要是人像畫，更挑了小許昔日繪畫的電影海報，為繪畫歷程來個小結。

黃金認為，隨着戲院走向迷你化，社會環境轉變，人多車擠，生活節奏急速，誰有閒心觀賞外牆廣告畫？加上宣傳渠道增加，日新月異，戲院大牌失卻宣傳上的主導角色，難免走向不歸路。昔日戲院的廣告畫，能留下來的可謂絕無僅有，難得他這位有心人，仍收藏部分海報舊作，今天好讓舊雨新知細味重溫，亦體現了他的信念：廣告繪畫一樣具藝術價值，足以移入藝廊展示。

戲院廣告畫師

速寫（二）

訪姜志名：一筆一撇盡是手藝功夫

當時他已是工多藝熟的畫師，45分鐘能畫好一個頭像，主要捕捉一些重點，如眼睛、頭髮，其他則作一般處理就可以了。因此，落筆須快而準，他說行內人形容下筆如「飛鳥入林」——鳥兒穿越枝葉交纏的樹林，必須無偏差地飛過。

2012 年秋，香港電台電視部製作一集以戲院為主題的《香港故事》節目，編導找到我這位業餘愛好者分享。期間知悉他們將訪問業界人士，我這枚「黐頭芒」便黏着拍攝隊伍，前往拜訪幾位戲院從業員，包括長年繪畫戲院大牌、現為香港演藝學院舞台及製作藝術學院講師（舞台繪景）的姜志名。我這枚「黐頭芒」往後仍黏着人家，多次造訪。

姜志名是 50 開外的中年人，青年時代已入行，經驗豐富。他聲線沉穩，話語優游。既非快人快語，言談間不時留白，細意打撈恰當的用詞，加上愛穿黑衣，驟看有點冷，不過，他又會突如其來拋出一個笑話，繼而報以爽朗的笑聲，冷笑話便溫熱起來。

幾十年過去，當天的經歷都添了喜鬧趣味，能報以一聲笑，箇中其實滴過汗、流過淚。今天回味，倒認同那是感謝的淚。告別行業多年，但行業的精粹已蝕入血管，不時從創作中冒出來，更驅使他找尋這種手作工藝的藝術定位。

學徒時代：灑淚滴汗 備嘗苦樂

姜志名自小愛畫公仔，來自草根階層，畫廊遙不可及，大道反成了展

覽廳。「小時候，我可以站在戲院外，呆呆的欣賞那些廣告大牌一段長時間，同行的家人走遠了亦不知道，要他們回來找我。」

愛圖像，畏讀本，少年時代他無心向學。讀初中時，父親得朋友介紹，領兒子到孔雀廣告公司做暑期工。暑假匆匆過去，他的心卻遺留在該公司：「對畫室的環境、繪畫的狀態，都很喜愛。」回到學校，無心學業的程度有增無減，還接下同學的訂單，不收分文為大家畫公仔，純屬自娛，只求開心。來到一個地步，他向父親坦言要到該公司當學徒。縱然不贊同，父親還是讓他去。

1974 年，年僅 16 歲的姜志名加入由著名畫師劉煒棠（被業界美譽為「四大天王」畫師之一）經營的孔雀廣告公司，充任「學師仔」，成了劉的徒弟。該公司位於西環吉直街一幢六層高的唐樓內，主要替龍頭戲院繪畫廣告畫及製作宣傳品，客戶包括邵氏、嘉禾及部分西片戲院。公司分佔唐樓的第二、四和六層，老闆的居所在六樓，其餘兩層作為工場及學徒的住處。那些年的學徒，薪金微薄，吃和住則由僱主提供。「當時食住都在那兒，睡覺時，我拿 4 個顏料罐，再放一塊四六呎板，就成了床。或者近海，蚊子很多。」所謂「四六呎板」，就是組成戲院外牆大牌、面積為 4 呎乘 6 呎的木板，打從那天起，它就成了姜志名的夥伴。

學師期 3 年，主要做「下欄嘢」，像把從戲院運回來的舊廣告板沿樓梯徒步搬上工場，每件「四六呎板」厚一吋，並不輕。「當時我很瘦，起初每次只能托起一塊，後來加至三、四塊。由於每次有近百件運回來，雖然師兄弟一起搬，但都很累的。」另一項要務是「打底」，把

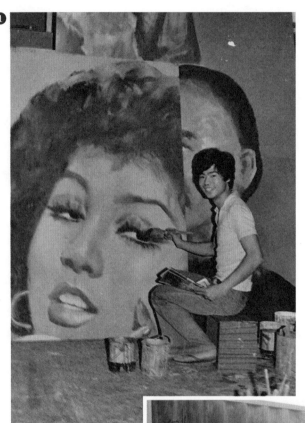

❶少年時代便加入孔雀廣告公司當「學師仔」。

❷由畫師到院校導師，姜志名一直探索畫筆描畫的創造力。圖為他參與戶外裝置展覽活動。

舊畫板上的圖畫以白色顏料遮蓋，然後重用。於是日以繼夜的掃白油，「畫板回來後要立刻刷白，師傅師兄等着用它們畫畫，若趕不及，即刻鬧鬼啦！我那時又矮又細，埋頭埋腦的掃白油，每次收工時，渾身都是白色，像被白油淋過。」

工作勞動居多，重重複複，看不到前路風景。「初期只是做打底，有時都覺得悶，亦擔心：死啦，都無嘢畫嘅！也許是我蠢，好單純的就一直做，無想過轉行，只在想：為何不是畫公仔呢？為何還未有機會畫嘅？」

學師生涯，每天接觸最多的就是師兄和師傅。他說師兄偶有戲弄他，但沒有欺負，至於師傅，責備在所難免：「師傅會鬧兩句、黑面，記得有次給他鬧到喊。」當學徒年多，他開始有機會畫點小東西，那一次受責，正因為所畫的未合師傅的要求：「不知何故，我很害怕師傅在身邊望着我畫，但因為趕貨，我畫時他又在畫，這時我更加畫不到，試過給他搶去畫筆。」自問並非眼淺的人，深明這種環境，平日遭責罵也抵得住，唯獨那一次：「因為師傅的親人在場，眾目睽睽下受責，感到自尊受損，那一下真的喊了出來。」

開始畫衫：開心到無可再開心

光陰似箭，彷彿仍在濃霧中打轉，3年學師期便屆滿。「3年話咁快就過，只覺得：嘩！咁就滿師啦！自己好似什麼都不懂，水準又不太可以。」滿師後，他仍留在公司居住和工作。雖云學師，師傅固然無執住手教，連有系統的從旁指導亦談不上。當然，姜志名深明這是工場

而非學校，處理的是交給客人的產品，不是功課。「學習主要靠觀察，
多過有人前來教你。師傅是有教的，屬於提一提你那種，按工作需要，
就你所做的講一講。」

學與不學，全看自己，甚至乎成績的優劣，也只能自我評估：「工作
時，若師傅沒有過來糾正，我想所畫的就是 OK；有時他心情好，看後
吹吹口哨，我就當是讚賞。」另外，從負責繪畫的項目，亦看到自己在
進步：「最初他叫我油背景色，然後畫衫，嘩！開始有衫畫，好開心，
開心到無可再開心。跟着叫你畫帽子、頭飾到頭髮，再然後叫你駁色，
例如他畫了人頭，你駁色畫條頸。根據他叫你畫的項目，便看到自己
逐步升級。起初畫時，試過全被他改掉，慢慢改得少了，甚至無改，
你便知道那些地方要改善，下次懂得處理，就是這樣的教法。」

前景模糊，又欠缺扶持，仍能堅持幹下去，全因自己喜愛畫畫。起初只
有掃白油的功夫，晚上便撿來舊板，躲在工場練習，鍛煉技巧。3 年滿
師後，仍感水平不足，曾到外邊的畫苑學習。一切都看在師傅眼內：「晚
上有時候他會下來看望我，見我練習，也會提點一兩句。」那些年的
師徒關係，一切不上臉，情感潛藏，姜志名亦認同：沒責備就是讚賞。
過後回看，他坦言：「我無後悔經過這種訓練。」2007 年師傅辭世，
在一篇懷緬文章中，他由衷的寫下：「有幸能接受過他這種既傳統又嚴
格的訓練……從他身上我可學習到做人基本的應有學習態度和本質。」

❸

❹

❸姜志名（圖左）與師傅劉煒棠維繫亦師亦友的情誼，圖為二人攝於展覽會場地。

❹師傅劉煒堂畫藝卓越，曾獲嘉禾邀請，繪畫多齣李小龍電影的海報，如《精武門》。李小龍的傳奇飄揚過海，畫家的作品亦進入國際視野。

畫出神彩：靈魂之窗最難描畫

縱然沒有宣於口，但這位認真的徒弟，師傅仍是欣賞的。姜志名逐漸
做出成績，早於未滿師前，師傅便給他挑大樑的機會。

1976 年 12 月 16 日首映的《半斤八両》，懸於**嘉禾**戲院外牆的大牌，
就是姜志名首幅獨自完成的戲院廣告畫。學師兩年多便有機會全權負
責繪畫大牌，相當難得。那一回劉煒棠外遊，把重責交給徒弟，兼且沒
有審查完成品，大牌畫畢後掛到戲院外，他才首次過目，可見對徒弟的
信任。對於他的處男作，鮮有讚賞徒弟的師傅，作風一貫，並無評語，
姜志名理解他已收貨。此間回想，該次是依據海報的漫畫造像入畫，
相對而言是較易處理的。

隨着成長，與師傅的相處多了點成年人交往的觸感，距離亦拉近了。
「細個時什麼都不懂，兩頭碌。人大了點，沒那麼論盡，大家多了傾偈，
有些事可以商量一下。」在孔雀廣告公司內，他的繪畫手藝開始圓熟，
邁向成熟畫師的階段。

戲院大牌一般依據海報或劇照描繪，包含明星頭像、影片場面及文字
資料。繪畫部分，背景和周邊的圖像可交由技藝稚嫩的學徒代勞，但
人像頭部，尤其眼睛，主要由師傅執筆。

一雙靈動的眼睛，足以令人像活起來，要傳神捕捉，確考功夫。早在學
徒時期，師傅和師兄已叮囑：眼睛難畫得好，但畫好人物眼睛卻相當要

❺《半斤八両》於 1976 年 12 月 16 日公映，懸於嘉禾戲院外牆的大牌，是姜志名首次獨力完成的戲院廣告畫。

❻眼睛是人像畫的靈魂，最難掌握。圖為姜志名以戲院大牌為題的得獎畫作。

緊。經過長年累月的工作，姜志名深深認同：「眼睛最難畫。眼睛那種水晶體質感，確實是靈魂之窗，會說話的。」相對於其他背景圖像可多次修改，眼睛不能，下筆必須準確：「畫龍點睛，畫眼睛好似捉毒蛇那樣，一下就要捉到。」他指出，眼神十分重要，可以感染觀眾，起交流作用。

臨摹以外：框架之內發揮創意

1980 年，姜志名決意外闖，其後成立名師美術製作公司，承接多家戲院的繪畫工作。在有限的時間與空間中，他嘗試開拓戲院大牌的可觀性與可能性。

繪畫戲院大牌的前提，是以影片的角色形象和場面作依據，驟看是搬字過紙，不含創作成分，姜志名卻有另一番看法。他深明廣告畫的目的是要吸引觀眾，並提供與影片有關的信息，但滿足這個前提之餘，「我會思考放一點自己的東西進去，畫出一點個人的想法，整張畫的氣氛便更加突出。」

他舉例，1992 年公映的《辣手神探》，當時懸於迷你**普慶**戲院（即第四代**普慶**）的廣告畫便加入了個人構思，突破原有劇照的框限。畫的主體是周潤發握槍的造型，姜志名刻意加長了手槍的槍管，令槍枝格外搶眼。同時，畫面右側加入片中的火爆場面，左側是暗沉的圖像，佈局上呈現一暖一冷、一光一暗的對比，而人像的臉部顏色亦須修訂，不能硬取劇照的光暗處理，必須把面向火爆場面那邊臉的顏色調光，

❼《辣手神探》的大牌，姜志名加入創意，加長槍管，配合背景光暗對比強烈，令男主角持槍突圍的造型更「入眼」。

❽金公主發行公司的辦公室原設於始創行，該建築物拆卸後，地盤外仍架起金公主電影的大牌，亦由姜志名繪畫。

「我把臉部加入光亮的顏色，豐富色彩，整幅畫的佈局就包含創作。」

類似的思考與做法並非偶然。他舉例，有次擬定廣告畫草稿時，發現影片公司提供的劇照，人像面部的方向不配合，於是他用一面鏡子，把原來面向右方的頭像映照為面向左方，並按鏡中反照出來的圖像繪畫，頭像方向才配合到草稿。他笑言彷彿變了導演，把場面重組。

戲院大牌，若沒有途人的注視眼睛，傳遞的資訊欠缺接收者，便失去廣告效果。但如何把街上川流不息群眾的眼睛抓緊，姜志名有其想法：「光暗對比強烈一點，顏色豐富一點，所謂『入眼』小小，期望吸引到途人注意。」回憶八九十年代的影業蓬勃期，他有感若繪畫大牌的行業往後仍有多 20 年壽命，深信部分畫師會發掘到一些本土廣告畫的創作特色。

告別看板：見證行業走向終點

踏入九十年代，本土電影產量急升，戲院亦一度激增，對廣告畫的需求甚殷。1985 至 1991 年，他的公司承接了遠東院線及一些西片戲院的大牌製作工作，每次新片上映前夕，得連夜把繪製好的畫板，運到各家戲院懸掛。

除了在自己公司繪畫，更要到不同戲院畫畫。當時他已是工多藝熟的畫師，45 分鐘能畫好一個頭像，主要捕捉一些重點，如眼睛、頭髮，其他則作一般處理就可以了。因此，落筆須快而準，他說行內人形容下筆如

「飛鳥入林」──鳥兒穿越枝葉交纏的樹林，必須無偏差地飛過。忙碌時，他巡迴港九新界戲院，一天內跑 5、6 間，只要勾好草稿，便交由同事完成。每到一院，他便執筆低頭繪畫，畫畫畫，去到一個地步，弄得頸椎出毛病，人真的累透。最忙碌、最趕迫的時期，是 1991 至 93 年。

由孔雀廣告公司到自己營辦公司，從事繪畫戲院大牌近 20 年，見證過業界的顛峰期。說難忘的作品，從氣勢論，他想起油麻地第三代**普慶**戲院的畫作。每遇大片，該院朝向加士居道的畫架，即有大型廣告畫雄踞一隅。1977 年鳳凰出品的《屈原》公映，為壯大宣傳，戲院擴大畫板面積，動用多達 200 餘塊畫板，由繪畫到懸掛都是大工程。

若從難度和觀賞度論，他想起九十年代初，尖沙咀東部新世界中心的外牆，不時掛起頂天立地的巨型條幅廣告畫，它們部分是以人手一筆一畫的描繪出來。這款直長的條幅畫布長 60 呎、闊 40 呎，姜志名記憶猶新的是 1993 年《笑傲江湖 II 東方不敗》的廣告，全白底色上突顯俠客揮劍躍動的身影，畫面講求的並非斑斕色彩，而是佈局構圖的精準。然而，繪畫時沒有足夠地方鋪展整幅畫布，只能分段繪畫，過程中要顧及整體，推算如何銜接，最終整幅畫懸起來，效果完美。

儼如縫衣，一針一線親手造，廣告畫一筆一撇亦是手藝功夫。隨着大牌出現彩色影印圖像，手繪廣告畫便敲響了警號，業內人士亦深知肚明，這是無法逆轉的路。科技的高速發展，電腦噴畫的出現，能以相對低廉的成本獲取像真度高的圖像；戲院的地點、經營模式都在變，已沒有空間容納大牌。際此大環境，行業已趨近終站。

❾❿ 1993 年，懸於新世界中心外牆的《笑傲江湖 II 東方不敗》宣傳條幅，由人手逐寸逐寸的繪畫。右圖為畫室的現場，繪畫時畫師只見局部，卻要兼顧整體。

重新檢視：賦予廣告畫新意義

目睹行業走向黃昏，姜志名亦為前路打算。1993 年，他加入香港演藝學院執教，雖云轉行，卻像延續了往日的足跡，只是主場移到舞台。當年替戲院工作，除畫外牆大牌，更負責製作大堂坐牌宣傳品，行內稱為「cutout」，以木板製作，用木架撐立於大堂作宣傳。畫師除繪畫，更藉不同層次的裝置營造立體感，並鋪設燈泡和佈置顏色燈光。他笑言：「回想起來都幾得意，有點像現在做舞台，美工、電工集於一身。」

伴隨教學工作，他修讀了多個藝術課程，拓闊視野。由商業畫師到藝術導師，旁觀者看來是「晉升」，他卻無意否定過往所做的，更嘗試探索廣告繪畫作為藝術表現模式的可能。他說：「戲院大牌讓人預先欣賞那齣戲，亦是一種繪畫藝術。」在學院內執教，讓他更相信廣告畫能營造的藝術感染力。他身體力行，自九十年代末起，曾辦過數次以廣告大牌繪畫為主題的畫展，把戲院廣告畫的記憶與美學，重新向觀眾展示。

近年，他更推動公眾藝術，像邀請灣仔的長者參與繪畫，以畫筆重現記憶中的社區舊貌，深化社群的情感，亦豐富了社區的記憶。頃刻想到，昔日戲院是以社區為依歸的散落，可說區區有幾間，是社區群眾的聚腳點，戲院大牌高懸，儼如帶着庶民氣息的社區畫廊。今天重臨社區，以畫會友，以圖傳情，隱然看到當天他描畫地區戲院大牌的身影。

戲院廣告畫師

速寫（三）

訪吳達元：從畫筆過渡到電腦

對手繪廣告的消失，他既沒感慨，更珍惜曾經擁有的：「我們那幾年已經好好玩啦！因為除了做電影廣告，還做了不少商場的室內外節日佈置，做到十分大型。」一派樂觀看待得失的心情。

2013 年底，香港電影資料館舉辦「舊日戲院昔日情」展覽，筆者參與
資料蒐集期間，獲銀都機構的崔顯威引介，認識曾負責該機構麾下戲
院美術工作的吳達元。吳先生束有蓬亂的鬍子，那天還戴着一頂獵帽，
崔先生取笑他單看外表已知道是藝術家，卻又懂得釀造補酒……

既留下此等人生經歷的「線索」，不得不再次拜訪，問個究竟。大家
雖不相熟，開口邀約倒不難，因為同來自澳門，距離無形中拉近了。
和本書訪問的其他畫師不同，吳達元並非少年時隨學徒制在業界立足，
可說半途出家，邊做邊學。所謂學無前後，後來者卻較其他同業留在
行內更久，直至今天，他仍參與戲院外牆廣告畫的製作，只是由往昔
用手繪畫，過渡到電腦拼砌。

來自澳門的幸運兒

66 歲的吳達元，祖籍福建廈門，3 歲時移居澳門。他是澳門詒厥齋酒
廠的第五代傳人，年長一輩的澳門人，多少認識這家以釀製補酒馳名的
酒廠。年輕時曾隨畫家司徒奇[1]習畫，工餘亦替商會做些義務美術工作，
雖然對繪畫充滿興趣，亦掌握到點滴技術，但一直沒有從事相關工作。

❶❷吳達元於國際戲院入行畫大牌，今天回想，較滿意的作品是一齣溫拿電影，片名遺忘，印象最深是畫稿中有一輛轎車。按海報推斷，大概是《溫拿與教叔》。

「在澳門居住時，我已對電影行業感興趣，可惜無機會入行。」當地並無電影製作，所指的是在戲院工作。戲院外牆的大牌，成為他憧憬未來的橋樑，不過，終究是隔岸觀望，充其量在朋友帶領下，進戲院摸東摸西過把癮。「有朋友在**百老匯**戲院[2]入行畫廣告大牌，我從他那兒學到一點基本知識，像選購顏料粉，如何用膠漿、水和顏料粉混和，調出油彩。」

1970年遷居香港後，任職酒樓。1975年，有天他在街上碰到一位舊友，閒聊間知悉對方在九龍城**國際**戲院當領班：「我就打蛇隨棍上，問他能否介紹我入去工作。」朋友引薦他與負責美術的梁日成見面。結果這位僅掌握業餘美術技巧、從未擔任廣告大牌繪畫工作的新手，謀得一職，更成終身職業。

從飲食業轉到美術廣告業，一切都變了。薪金由原先的月入近千，一下子降到二百，但在所不計，只因為喜歡，還虛心的充任學徒，跟隨師傅梁日成學習。當時師傅主要留在油麻地的**民樂**戲院工作，為了多學，他願意多做，不時前往**民樂**當無薪幫工，藉此偷師，熟習工作。憑藉熱誠與努力，不久梁日成便把**國際**戲院的美術工作交託給他。

國際是一家規模較小的地區戲院，戲院外的大牌細小，僅以6件「四六呎板」組成，處理上相對較容易。雖云是小院，但新手入行，短時間內便能獨挑大樑，總歸是成就。從事繪畫幾十年，問到較滿意的作品，他不假思索的便指出是一齣由溫拿樂隊演出的電影，這亦是初入行時在**國際**所繪畫的作品。可惜，幾經回溯仍摸不出戲名，猶幸記得海報

（圖片提供：辻村憲章 Noriaki Tsujimura）

❸當年在國際工作，他不時自費跑到民樂戲院，向師傅梁日成請益學習繪畫。本圖攝於 1986 年。

有一輛趣緻的汽車，追查下來，是 1976 年的電影《溫拿與教叔》。

入行之初，事業驟看一切順遂，其實亦翻過暗湧。他特別感謝當時在**國際**戲院負責票務的李良先生。當時戲院經理黃慶華曾計劃邀請著名廣告畫師黃金過檔幫手，「李良認為毋須這樣做，指我做事都很認真。經他一說，我才有機會留下來，所以很多謝他。我實在好好運，這麼短時間內，便可以擔任到戲院畫師這職位。」談話過程中，「幸運」一詞不時從他口中流出，能夠投身廣告畫行業，不但無悔，更充滿感激之情。

欠缺天份的繪畫師

之所以說自己幸運，不僅在職場上遇貴人，更因為行業接納他這位「無天份」的畫師。雖說從小便喜愛「畫公仔」，但能夠當上畫師，多少有超額完成之感。他嘻嘻笑的分享：「我老婆時常話我：『人家畫支棍，一筆過就畫好，你卻要畫幾十次；上顏色又不知上出個什麼來？』根本上我沒有這種天份，哈哈哈！」一陣老頑童式的嘻笑總結了這段話，太太的評價並不尖銳，僅是夫妻間的情趣笑話吧。

可惜他當天畫過的大牌廣告畫，沒有留下照片作證，無法品評，所謂欠天份，我想，只是謙詞。畢竟買賣是雙方的，若畫作拙劣，戲院商人亦不會長期採用。何況後期他擔任主筆，主責為看板起稿，並髹寫美術字，間中亦參與繪畫，瓣數多多。筆者鍥而不捨，認真的請他評價一下自己的作品。他平靜的說：「總算是可以的，當時我亦畫了很多。」

業內芸芸畫師中，確有高手，他的造詣或許未如他人精練，但努力求進的態度理應肯定。入行不久，他便趁工餘到畫苑研習。「我師傅的親戚，亦是做這行的，對我講：『你既然入了行，就一定要出去讀一讀美術課程。』」於是，他報讀陳海鷹創立的香港美術專科學校，修讀素描課，其後又轉到盧巨川主理的嶺海藝術專科學校修課，學習油畫等，幾年間不僅增長了繪畫知識，更認識到多位好朋友，雖然他們並非從事美術廣告工作，卻維繫了幾十年的友誼。

畫遍港九新界戲院

在**國際**戲院工作期間，他獲**珠江**戲院美術部的主管鄭國雄邀請，便開始到該院兼職幫手，後來鄭氏離開，他亦由**國際**轉投**珠江**，擔任美術工作。相對於**國際**，**珠江**為當時全香港第二大戲院，座位 1895 個，僅次於**麗宮**。戲院既具規模，外牆大牌亦甚有看頭：「**珠江**的廣告畫大幅得多，濶度達 60 呎。」以「四六呎板」拼砌，一般要 30 件左右。放映大製作時，為加強宣傳效果，會搭棚加大面積，廣告畫邊沿更會繞以燈泡，閃亮生輝。

除了繪畫外牆大牌，戲院內各種裝飾、佈置、宣傳文字及特別場電影表，都由美術部製作，工作量並不輕。但吳達元仍能抽時間替其他戲院工作，甚而遠至屯門的**域多利**戲院。筆者對業界運作不甚了解，詫異於其工作竟如此具彈性，得多番核實：「你那時不是**珠江**的員工嗎？」「是呀。珠江知道我們有兼職的，那時大家都是這樣做的。」他進一步解釋，美術同事毋須從早到晚守在戲院，一般在影片上畫前，回戲院畫房繪

畫，只要處理好本身的工作，其餘時間便可以兼職，並非「秘撈」。他笑言有位前輩行家戲言：做戲院美術的，就是揸住乞兒兜周圍去乞食。「我們毋須定時返工，有工作時就回去做，無工作就做自己的事。」

如此這般工作了數十年，他哈哈笑的欣然分享：「我們這一行很得意的，十分自由，很多人都會兼做幾間的美術工作。當然想多賺點錢，其實那時的薪金也不太差，但工作時間實在理想。」

1980 年初，他開設了恆裕美術廣告公司，隨後承接越來越多的戲院廣告工作。為滿足筆者的好奇，他費了一點腦力，嘗試羅列過往工作過的戲院。由最早期的**國際**、**民樂**、**香島**開始，繼而有**好運**、**淘大**、**國泰 ABC** 迷你戲院，還有華懋院線的**尖東華懋**、**粉嶺名都**、屯門的**巴黎倫敦紐約**、**沙田希爾頓**。再後期是新寶院線的戲院，如**快樂**、**美都**、**富都**、**影都**、**金聲**、**新寶**、**凱都**、**豪華**等。

若論正職，他一直是**珠江**戲院聘用的員工，直至該院於 1994 年結束，其後亦負責銀都機構麾下各家戲院的美術工作，包括**南華**、**南洋**、**南昌**、**銀都**，以至元朗**樂宮**、沙田**新藝**等，走遍港九新界，工作至這些戲院一家又一家的結束為止。

順應時勢轉用影印

位於觀塘的**銀都**戲院於 2009 年結束，這是吳達元最後參與銀都機構麾下戲院的工作，見證擁有 46 年歷史戲院的演變。從大院給分拆為樓上

（圖片提供：崔顯威）

❹吳達元在珠江戲院工作多年，負責院內外的美術工作。1985年公映的《木棉袈裟》，該院大堂繪有大幅廣告畫。

❺自設廣告公司後，承接各區戲院的大牌繪畫工作，經常遊走九龍新界，服務的戲院包括屯門域多利。

樓下兩院,到僅餘原樓座的小院,戲院仍懸掛外牆大牌,起初是人手繪畫的,一度變為黏貼彩色影印,最後採用膠片噴畫。

若當年有留意戲院大牌演變的,對彩色影印這過渡階段定然有印象。其製作模式,一般是把人像頭部倍大影印,貼到畫板上,再以人手加工,填補人像周邊及其他背景,並寫上文字。因拼貼痕跡明顯,照片和手繪部分亦不調和,在酷愛手繪看板的人眼中,只感效果尷尬。吳達元是最早執行這節省策略的人,問到原因,他嘻嘻笑的答:「有位同事懶,不太想畫,終於以彩色影印放大,然後再寫字。」筆者奇怪員工竟可如此自把自為?他補充:「這樣做我亦『慳皮』,可以少請些人,只需找兩位阿嬸把影印紙黏貼上去便成,哈哈!」

筆者對繪畫工作帶着幾分美化心態,難免會問:由原本的手繪工藝,變成按動機器按掣便完成,不感到可惜嗎?他倒從生計角度淡然的說:「都無辦法啦!」隱含敵不過時代變遷的意思。來到以機器代勞的光景,有否預期行業快將告終?他亦沒有太強烈的感覺:「當時無考慮到太長遠,即使用影印機做,亦不會想到行業會被淘汰,始終是環境問題,會一路一路的轉變。值得欣喜的是,現在我仍有糧出,我已 60 多歲,本應退休,但仍可以用電腦做戲院廣告畫。」

到今天,他仍繼續協助女兒做設計工作,用電腦拼砌戲院廣告畫。與廣告畫行業同步前行,對手繪廣告的消失,他既沒感慨,更珍惜曾經擁有的:「我們那幾年已經好好玩啦!因為除了做電影廣告,還做了不少商場的室內外節日佈置,做到十分大型。」一派樂觀看待得失的心情。

❻吳達元曾替屯門巴黎倫敦紐約戲院　　❼時至今日，僅有小量戲院維持懸掛
製作大牌。圖攝於 2003 年，院外的大　　廣告大牌作宣傳，且都轉用噴畫。吳
牌，已用彩色影印剪貼製作。　　　　　達元仍參與這方面的工作。

繪畫工作拉近家人感情

與吳達元會面兩次，期間幾次談到他的師兄鄭文輝，另外，和一位戲院經理訪談時，對方也分享了些許聘請「文仔」繪畫大牌的舊事；大家不約而同對他的畫作給予高度評價。可惜鄭先生已移居外國，沒有機會相約傾談。

行內的確出現過如鄭文輝此等高手，再往前看，更有「四大天王」這類大師級人物，吳達元認同像黃金等畫師，是業內的另類分子，至於他本人：「我只是工匠。」話雖如此，對外牆大牌的宣傳效益，他認為不能低估，矚目的畫像具有吸引途人走進戲院的力量。回想往昔，每屆戲院「換畫」的時間，常引來坊眾張看，熱熱鬧鬧的。有時候，吳氏夫婦亦會置身其中，當自己作品的觀眾，既自我檢討，又聽聽太太的評語，看看如何改進。

吳達元是順應環境轉變工作方式的廣告從業員，繪畫工作帶給他無盡的樂趣，甚至拉近了他和家人的感情。談及做商場廣告時，他不經意的分享：「我老婆在美術上都有些心得，可以手畫一些簡單的公仔，拼砌出圖案，都做得幾靚的。」太太既是他的觀眾、評論者，更是賢內助，夫唱婦隨，幾十年所畫出的，原來是一幅溫馨的生活圖像。

1　司徒奇為著名畫家。其子司徒乃鍾於 2000 年 4 月 6 日《澳門日報》撰文懷念父親，指
　父親一生從事藝術創作及教育，其畫作融匯中西各家的長處，曾長期居於澳門，與當地
　的藝術發展淵源甚深，於 1997 年病逝。
2　百老匯戲院（Teatro Imperio）位於澳門水坑尾，上世紀六、七十年代為當地的首輪西
　片大院。

戲院廣告畫師

速寫（四）

訪甄卓岩：我只是一個畫匠

戲院改用噴畫條幅，他亦懂得以電腦拼砌，工作可以繼續，只是骨子裏卻透着不復往昔的悵然：「做這些噴畫，無用呀，無作為！就是替機器工作，不是自己用手畫，是另一回事，不同的。」

自 1960 年代中開始任職廣告畫學徒，直至訪問當天，甄卓岩仍參與繪畫大型壁畫，一張隨身照片，記下他 2013 年替懲教署繪畫的建築物外牆壁畫。

戲院遁入商場，明亮的海報燈箱和躍動的電視宣傳片，取代了巨型的外牆廣告畫，繪畫戲院大牌的行業於 2000 年逐步式微。同年，甄卓岩亦退下來，僅偶爾接一點繪畫工作。2006 年他曾替一家商場戲院繪畫壁畫，把那一期幾齣賣座片的角色繪到偌大的牆壁上，可說延續 40 多年來練就的戲院大牌繪畫手藝。執筆抹彩，畫師的身份沒有光環，他多次直言是畫匠，無意為工作添加美麗想像，純屬按圖臨摹，依樣描畫：「從來不覺得自己是畫家、藝術家，不過為糊口而工作。」

野馬開步 由低做起

1989 年，日本朋友辻村憲章攝下懸掛於佐敦道的大型廣告看板，那是電影《神勇雙妹嘜》的廣告，圖像豐富，色彩鮮活。廣告架面積約為 20 乘 80 呎，用了近 60 塊「四六呎板」組成，正是由甄卓岩繪畫的。舊作留下了紀錄，他沒有欣喜，不無自嘲的問：「你話畫得似唔似？」我答：「幾似呀。」他失笑道：「似鬼！」

❶ 2006 年替一家位於商場的戲院繪畫壁畫，以電影角色為題的畫作高三層樓，需搭起竹棚繪畫，由放圖到着色，全由甄卓岩一人負責，花了近一星期完成。

❷ 甄卓岩正在繪畫，約攝於 2000 年。

❸

（圖片提供：辻村憲章 Noriaki Tsujimura）

❸ 1989 年電影《神勇雙妹嘜》公映，德寶院線位於佐敦道的廣告架懸起大牌，該廣告畫由甄卓岩的公司承接繪畫。

該畫縱非儼人的神似，但描畫張曼玉、鄭裕玲和陳百祥，尚算握到神髓，唯獨原為林俊賢的人物，畫來竟有幾分像蕭正楠，那一年，蕭大概是 12 歲的少年人。回想當年，流水作業，難言件件皆精。除了替大中小型戲院繪畫大牌，更替德寶院線物識到這個位於佐敦道與彌敦道交界的好位置，期復期落畫上畫，宣傳新片。

上世紀中以來，佐敦到油麻地一帶戲院林立，甄卓岩入行的起步點，無獨有偶也在此。在內地出生及渡過少年時代，至 1962 年他隨大逃亡的人潮，從廣州南下香港，時年 13 歲。他在內地完成小學，曾習美術，對繪畫有一定興趣，來港後在兄長的廣告公司當學徒，晚間還上夜校。

兄長從事商業廣告，包括替商號繪畫大型廣告看板，像銷售月餅、慶賀聖誕、雙十國慶等。然而，這幾個時段以外，便屬淡季，能掙的錢有限，為了生計，他必須另謀出路。當時的思路是找尋「生活必須」的工種，笑說一度考慮過殯儀業。那時他居於佐敦道，常途經**油麻地**及**廣智**兩家戲院，這兩家上世紀初已啟業的老戲院，竟發出亮光，啟發他覓尋去向。

「我鍾意睇戲，便想到：做戲院日日有戲睇，都不錯。除了做帶位或機房，還可以做什麼？我讀書時對美工有興趣，每間戲院都有美術部，又不時換畫，應該天天有工開。」結果經人介紹下，進入畫師陳炳森開辦的野馬廣告公司當學徒，該公司承接了**樂聲**戲院和**倫敦**戲院的廣告美術工作。由於尚未成年，當時要其他人做擔保，才能入職。

「陳炳森是我正式的師傅。」他說。一如其他「學師仔」，最初只做「下

欄嘢」，給師傅遞油掃、洗筆等。學師期 3 年，沒有薪金，滿師後繼續
幫師傅手，3 年又 3 年，才勉強擔得上「師傅仔」之名。他首次參與繪
畫的看板，是李翰祥在台灣拍攝的電影《西施》。該片於 1966 年在**倫
敦**、**國都**、**仙樂**、**國寶**及**中央**共五院聯映。那時他經常在**倫敦**戲院工作，
依舊在佐敦地區流連。

自立門戶 開辦聯合

問到繪畫生涯的難忘事，甄卓岩隨意想到當學師仔時期，到港島銅鑼灣
樂聲戲院工作的軼事：「師傅給我兩元食飯錢，連同搭小輪過海。在
灣仔碼頭上船，往前走不遠就是**紐約**戲院，再徒步走到**樂聲**，替師傅
打格仔和放稿，做好畫畫的準備。」說來是一段青葱歲月的樸素舊憶，
但他一貫的淡然：「當時的心情沒所謂開心不開心，都麻木了。我們
沒有什麼童年，有戲看就可以，還拿着一元多吃飯呢！」

他說師傅陳炳森「幾好人，大家夾得到」。和那時代的師傅無異，對方不
會執手細教，徒弟得從觀察中揣摩自己的得與失。「師傅無話指導，我站
在他身後看，學他打格仔和放稿，夜晚當做功課般，自行練習。我差不多
可以上位時，畫完後他會執幾筆，我看他怎樣修改，往後便跟着做。」

1973 年，他和畫師侯詠彬一起成立聯合廣告公司。公司運作至 2000
年，隨着綜合影城越趨普遍，無論手繪甚至噴畫廣告都變成明日黃花，
於是他們便退下來。四分一個世紀前後，完全兩個面貌。猶記起初自立
門戶，承接了安樂院線的工作，替**華盛頓**、**總統**、**東方**、**國賓**等戲院繪

畫看板和製作宣傳品，亦曾替盧林的戲院，以至嘉禾、邵氏、德寶院線的戲院繪畫。和安樂院線維持良好的合作關係，後期百老匯院線的美術工作亦由他們負責。1985 年 8 月啟業、位於灣仔港灣道的**新華**戲院，其鑲嵌於窗櫺內的手繪廣告，也是他公司的產品。

他指出，有陣子同時替 11 家戲院製作大牌和宣傳品：「承接了這麼多戲院，時間根本不夠，唯有日以繼夜的做。戲收得還有得休息，若票房不濟提早落畫，立刻要更換所有大牌。」當時他是主筆，負責起稿，並繪畫人物頭像。由於工作量增加，後期要外聘師傅幫手，「好似工廠式的做法」。

替看板起草稿，主要以電影海報為依歸，定出主題，選取適合的元素入稿。海報一般是直長格式，但戲院的外牆大牌多是橫向格式，由直入橫，得經拆解和重組的步驟。甄卓岩說來還是輕描淡寫：「我要做點組合的，不配合就加多減少、某些地方拉長按扁，在劇照取些內容補入去，或者把戲名移過來。」

作為行內老手，工作看似手板眼見功夫：「最重要是畫得似樣，其實好容易的，功多藝熟而已。」要畫作圖像酷似原來的海報，把圖像放大到畫板的工序便得拿捏準確：「放稿的準繩和比例要做好。至於最初起稿，須考慮圖像的比例大小，同時要捉緊主題，套戲是什麼片種，講謀殺的，就畫把大刀斬死人那類模式，這樣砌落去，愛情片就加點溫馨的顏色。佈局要自己砌的。」從他散碎的描述所見，描畫技巧和對美感的判斷，都不能或缺。

滿足客戶 落畫再畫

昔日戲院外牆大牌，展示即日獻映外，下期和不日公映的戲碼也一併
亮相。有時候紙本宣傳品未及印備，海報欠奉，他執着幾張劇照便要
起稿。相反，有些影片發行商則要求畫師觀看試片，甄卓岩亦認同通
過看試片多了解內容，對起稿有幫功。

八十年代，他曾替**普慶**戲院繪畫大牌。當時**普慶**屬雙南線一員，常公映
南方影片發行公司的電影，該公司會安排畫師看試片，要求相當嚴格，
但亦提供相對充裕的時間，以至稍為優厚的報酬，因此他特別用心的製
作。面向加士居道那片大型廣告畫，闊 36 呎，高 52 呎，留下了幾幅
得意之作：「好像《火燒圓明園》、《少林寺》及幾套內地的戰爭片，
都畫得幾好。」筆者好奇，大型畫板會否給他更大的發揮空間？他又流
露滿不在乎的口脗：「無什麼發揮不發揮，總之完成就是了。」說來
不脫打工的心情：「我們做的是行貨，無話藝術不藝術，都是搵食。」

從「搵食」的角度看，畫作的成敗，就由客戶定奪。甄卓岩說曾有客
戶在畫作完成後要求修改：「說到要改，多數指個樣畫得不似。但很
少發生這種事，間中一次半次。」如此一改，倒花功夫，需把掛上了
的大牌拆下來修改。他曾替華星娛樂推出的新唱片繪畫看板，懸掛在
摩利臣山道一幢建築物外牆。「好像梅艷芳的唱片，他們說畫得不似，
要拆下來，改到他們認為似為止。無法子，始終是人手畫。我們畫人像，
有七、八成似樣已不錯。當然，神似是需要的。」上畫後拆下，亦非一
定關乎畫藝。他記得畫過一些三級片，因影片無法通過電檢而要拆下。

還有 1976 年替佳藝電視繪畫劇集《射鵰英雄傳》的宣傳大牌，原定掛於**普慶**戲院的外牆，但掛到一半，卻因為一些內部問題而要拆下來。

各師各法 自成一格

想當年，普羅大眾品評戲院外牆大牌的優劣，往往以「畫得似唔似」為準則，站在宣傳效果而論，亦取決於傳真程度。甄卓岩幾次談及畫得酷似原貌的重要性，隨後他補充：「似唔似是一回事，還有質感。例如一杯水，要現出透明光澤，又如汗水，要畫出那種光亮、水影。如果話畫到最高峰，就是樣樣都處理得好，幅畫給人看後不會受駁。」綜合他所言，擬定主題、構圖佈局、像真程度及質感呈現，可說是繪畫大牌的四大要點。

雖云僅屬為口奔馳，立於生產線上搬圖過紙，但幾十年的畫畫生涯，他亦愛欣賞知名畫師的手藝，認同他們自成一派。像劉煒堂喜愛以深沉的底色，烘托主色，呈現那一期電影流行的瑰麗七彩。而林祖裔則採用柔軟、圓潤的筆法。其師傅陳炳森的作品近乎油畫，筆觸較為硬朗。早年還有一位張金戈，曾開辦金馬廣告，亦頗具名氣。至於廣為業界讚賞的黃金，其作品則色彩鮮艷。

甄卓岩的生意夥伴侯詠彬，既是黃金的親戚，並隨他學畫，甄亦視黃金為師，至今仍尊稱他「大師」。另外，他亦曾承接孔雀廣告公司的工作，有機會與該公司的主事人劉煒堂共事。能夠與這些廣告畫大師交往，甄卓岩都視他們為師傅，偶有茶敍會面，便虛心聆聽他們賜教。這些前

❹除繪畫看板，甄卓岩亦製作宣傳展板。圖為
1989 年替安樂院線製作，放置於地鐵站的暑期
電影介紹展板。

❺甄卓岩曾替九龍灣 UA MegaBox 的餐廳繪畫壁
畫，以最後晚餐為藍本，繪畫跨年代電影明星共
進餐。

❻以老電影場面為題的畫作，昔日繪畫戲院大牌
的手藝大派用場。

輩畫師部分出身於美術學校，閒來亦有寫畫，雖然自己亦愛畫畫，但沒有進入畫苑習畫，他聳了聳肩輕笑道：「我不屬於畫家，而是畫匠，照抄書那樣抄。」

當年繪畫大牌是一份工作，通過搶眼圖像、誇張字體吸引途人注意。當大牌掛好在戲院外，偶然他會望一下，看看哪處需要改進。不過，他無意強調這些畫對戲院有何特殊意義，對行業的起落亦看得淡然，反正 2000 年過後，亦接近退休之齡，對自己衝擊不大。何況戲院改用噴畫條幅，他亦懂得以電腦拼砌，工作可以繼續，只是骨子裏卻透着不復往昔的悵然：「做這些噴畫，無用呀，無作為！就是替機器工作，不是自己用手畫，是另一回事，不同的。」

對於繪畫大牌的手藝隨行業式微而消失，甄卓岩說：「我沒有特別看法。有些人喜歡人手畫的，不愛噴畫，認為手畫有種手作的感覺、質感。你問我，我做過，當然認同。其實是觀賞角度問題，視乎你用於哪方面，作為商業廣告，應該用噴畫，若純粹作為藝術、一種畫作那樣觀看，就適宜用手畫。」那麼戲院的大牌呢？「用手畫好一點……不過是以前的事了，現在不同，始終一塊塊板拼砌，上面有很多痕疵，看到板與板之間有接位，而且手畫的像真度有限，頂多七、八成似。」

作為業界的前度工作者，沒有執著，總歸各有各好，就讓繪畫手藝投進時代洪流，隨波逐流吧。

畫師剪影

記劉煒堂、馬瑞璋與李秉

自五六十年代以來，戲院大牌在規模和藝術水平上，均攀上高峰。當時影業發展蓬勃，而戲院亦願意花錢做大牌宣傳，天時、地利都在，至於人和這一環，姜志名認為連劉煒堂在內的「四大天王」應記一功：「憑藉他們幾位的天分與努力，把行業推到這樣一個高度。」

戰後，香港戲院的數目持續增加，戲院廣告畫的製作，亦有長足的發展。
若粗略替行業分期，約分為三個階段：戰前至淪陷期後屬第一代，戰後
至 70 年代為第二代，往後則屬第三代，可説是行業式微前最後一輩。

筆者於 2015 年訪問到前輩畫師黃金。他於戰後入行，可歸入第二代，
他與同期的利讓、余福康和劉煒堂，獲行內推許為「四大天王」，縱
非正規的名銜，卻是對其畫藝的肯定。

當時業界以師徒制傳承技藝，三個年代之間出現了美妙的連繫。譬如利
讓是第一代畫師李秉的入室弟子。黃金亦有不少徒弟持續在業界工作，
像陳楚鴻、侯詠彬。本書受訪者曾分享第三代畫師鄭文輝的精湛畫藝，
他是余福康的徒弟。另一位第三代畫師姜志名，則師承劉煒堂。

自上世紀初電影放映被引入香港，直至今天，期間出現過數百家戲院。
雖云繪畫戲院廣告畫的行頭窄，但亦有一定數量的從業員，礙於個人能
力，本書僅能接觸到幾位。對於前輩畫師，尤其戰前入職的一批，已
很難作訪問記錄，這裏嘗試蒐集資料，勾畫其生平概略，包括馬瑞璋
和李秉。至於「四大天王」之一的劉煒堂，則通過其徒弟姜志名憶述，
作淺淺的素描。

劉煒堂

劉煒堂於 1933 年出生。初中畢業後，便進入戲院的廣告部從事繪畫工作，兩年後加入其父創立的孔雀廣告公司，磨練畫藝。

五十年代中，他進入**娛樂**戲院工作，20 餘歲便成為該院廣告部主任。著名導演李翰祥偶然目睹他在**娛樂**繪畫的大牌，十分欣賞，便邀他替其所拍攝的電影繪畫戲院大牌。李氏在邵氏拍攝的多齣古裝電影，廣告大牌以至影片海報，均出自劉煒堂之手。之後他專注於孔雀廣告公司的工作，聲譽日隆，設計工作接踵而來，包括大型影片公司嘉禾和電影發行公司南方的戲院大牌和海報設計。

除繪畫廣告畫，他亦醉心藝術繪畫。六十年代，加入春風草堂，隨名家楊善琛習國畫。其後又參與由名畫家陳福善組織的華人現代藝術研究會，更曾擔任副會長一職。[1]

1960 年 4 月 19 日，由現代文學美術協會主辦的「首屆香港國際繪畫沙龍」在香港聖約翰禮拜堂副堂舉行。查看當天的場刊，發現劉煒堂為參展者之一，其油畫作品《市場》，屬抽象作品，全然看不到廣告繪畫的痕跡。

1975 年加入孔雀廣告公司的姜志名，跟隨劉煒堂工作多年，認為師傅的繪畫風格隨時代不斷演變。「師傅的畫風，無論色彩及筆法，都傾向樸實。顏色的運用上，不會太鮮艷，筆觸亦不花巧，需要那一筆才落那

❶電懋發行的台灣電影《吳鳳》，1963 年 4 月 12 日於百老匯和國賓聯映。由劉煒堂繪畫、懸於戶外的巨型大牌，
以油畫筆觸呈現氣勢磅礡的場面和細緻的人像，氣派不凡。

一筆。」其畫風不僅體現於藝術作品，即使廣告畫，亦透着這些特點：「用色上雖然不會太搶眼，但他的技巧高，筆法好，表現力強，縱然用色較低調，依然奪目。」在「四大天王」之中，他認為師傅的用色相對低調：「他用色較少，偏向灰調子，但其灰調子的層次卻很豐富。」

和師傅交往多年，師徒間維繫了綿長的情誼，在姜志名眼中，師傅是個嚴肅的人，「他說話不多，常以行動來展示要教導的內容。他工作勤奮、處事認真。」師傅辭世時，其子女製作了一冊紀念特刊，當中姜志名撰寫的悼念短文〈一位影響我一生的恩師〉，感謝師傅歷年來在繪畫及做人上的諄諄善誘，最後沉痛的道別：「敬愛的堂哥，感謝你的生命教導，使我一生受用。」

自五六十年代以來，戲院大牌在規模和藝術水平上均攀上高峰。當時影業發展蓬勃，而戲院亦願意花錢做大牌宣傳，天時、地利都在，至於人和這一環，姜志名認為連劉煒堂在內的「四大天王」應記一功：「憑藉他們幾位的天分與努力，把行業推到這樣一個高度。」

1979 年，他與黃魯聯合推出《黃山天下奇》攝影集。劉煒堂於 2007年離世。

馬瑞璋

為本書搜尋資料期間，發現畫家馬瑞璋於 2001 年出版的畫集《歲月回眸：馬瑞璋的懷舊畫集》，讓我對這位戰前已從事廣告繪畫的畫師有

深一層了解。

馬瑞璋酷愛遠足，集子內刊載不少他繪畫的風景畫，但教我入迷的，是他輯錄了近 10 張攝於第一代**皇后**戲院的大牌照片。當中三張是遠景照，記錄了戲院外的巨型大牌，包括 1950 年 3 月 10 日在港首映的《西線平魔》（Battleground）、1950 年 12 月 29 日首映的《寶殿神弓》（The Flame and the Arrow）及 1951 年 7 月 14 日首映的《印地戰笳聲》（Kim）。上述照片雖小，但廣告畫構圖佈局透着凌厲氣勢，仍能體會。

同一頁刊登的其他幾張照片，記下幾部電影的大堂宣傳品，包括 1950 年 3 月 30 日首映的《愛慾寶鑑》（Any Number Can Play）、1950 年 6 月 1 日重映的《大地》（The Good Earth）及 1950 年 6 月 29 日首映的《玉女情魔》（Conspirator）。從這些照片所見，1950 至 1951 年可算馬瑞璋廣告繪畫的豐收年，至少他亦珍視的拍下了照片。

馬瑞璋於 1919 年出生，廣東中山人，其父早年已前往澳洲謀生。1933 年，他亦抵達澳洲讀書。1937 至 39 年間，進入悉尼的工業學院，修讀商業美術課程，除了在日校修課，晚上更選修油畫課程。

1939 年他學成回港，先在廣告公司當美術師，同年加入**皇后**戲院工作。淪陷期間，他曾逃難回鄉。重光後返港，「繼續在**皇后**戲院工作，負責繪畫大型廣告牌介紹上映的西片。」他在**皇后**一直工作至 1953 年。1947 年，他在灣仔開設了「藝虹畫室」，直至 1985 年退休，移居澳洲。[2]

❷摘自《歲月回眸：馬瑞璋的懷舊畫集》的一頁，記錄馬氏在皇后戲院繪畫的大牌和大堂宣傳品，右下方為他立於《亂世佳人》廣告畫前的留影。

❸永華影業攝製的《大涼山恩仇記》，1949 年 8 月 9 日於皇后和平安聯映。公映前夕，皇后戲院樹立起覆蓋戲院外牆的廣告畫，更加添霓虹光管，氣勢逼人。此期間馬瑞璋在皇后從事美術工作。

（圖片提供：許日彤）

從僅有的資料，筆者嘗試在網絡上找尋馬瑞璋或其親友的聯繫，惟無功而還。看他立於《亂世佳人》廣告畫前的留影，只感慨無法對這位自戰前起已從事戲院大牌繪畫工作的前輩有更深的了解。

李秉

造訪黃金時，特別帶了一份他於 2001 年接受某大學刊物訪問的文章，原想向他確認資料。對於該次訪問，他的印象已很模糊，而那篇文章，更從未閱讀過。

文中提到一位名為「李兼」的香港第一代廣告畫師，並指黃金曾隨他學習畫畫。黃金讀到這兒，大為困惑：李兼是何許人？然後，他認為應該是畫家李秉的筆誤，並指出他沒有追隨李秉習畫，他亦並不認識對方。

對於畫家李秉，黃金是敬重的。香港藝術館於 1996 年 12 月 10 日至翌年 1 月，舉辦「李秉的藝術」展覽，同時出版專題畫冊，輯錄油畫及水彩作品。黃金便特意前往購買，加以珍藏。

李秉曾在西方接受美術教育，從事藝術創作，早於戰前已在香港參與美術工作，屬第一代戲院廣告畫師。1903 年，他在廣東台山出生，並於 1911 年隨家人移居加拿大。1926 至 28 年，他在溫尼柏美術學校修課，並認識同鄉余本，結為友好，余本日後亦成為著名畫家。1928 至 30 年，他和余本一起前往多倫多，入讀安大略美術學院，研習油畫。

（圖片提供：許日彤）

❹大觀聲片公司早於四十年代中已製作彩色粵片，其與長城影業合作攝製的《錦繡天堂》，既是香港，亦是全中國首部彩色國語片。該片於 1949 年 8 月在娛樂公映，院外懸起奪目大牌。李秉為當時娛樂的美術主任。

1930 年，李秉畢業後，前來香港發展。1931 年 4 月 1 日，位於中區的
娛樂戲院啟業，他受聘為該院的廣告設計主任。淪陷期間，他曾逃難至
內地。戰後，他返回香港，在**娛樂**戲院復職，同時在該院六樓設立畫室。
直至 1954 年，他從**娛樂**轉職**皇后**戲院，並在該院四樓開設畫室，教授
鉛筆畫、水彩、油畫及商業廣告等。他於 1955 年移居加拿大，往後 30
多年仍持續創作，並舉辦多次畫展。他於 1994 年離世。[3]

香港藝術館出版的《李秉的藝術》畫冊中的「傳略」部分，在 1930 年
條目中，提到他出任**娛樂**戲院的廣告設計主任，並指出他「製作巨型
戲院廣告牌，在香港開創大型戲院廣告的先河」。礙於無法探究同期
各大戲院的大牌製作情況，難以肯定這個說法的準確度，不管怎樣，
作為第一代戲院廣告畫師，李秉在推動香港戲院廣告畫製作的發展，
以至本地繪畫藝術，定然佔着一個重要位置。

1　生平資料摘自《劉煒堂紀念特刊》。
2　生平資料摘自《歲月回眸：馬瑞璋的懷舊畫集》，George Mar Fan 出版（2001），P.6-7。
3　生平資料摘自《李秉的藝術》，香港藝術館出版（1996），P.18-21。

手作力量：上世紀初的戲院宣傳

紙品傳聲：戲橋與特刊

戲院

宣傳

搜記

上世紀初的戲院宣傳

手作力量

由動態到靜態，上世紀二十年代戲院為公映的電影或公演的粵劇所做的宣傳，不失別開生面，效果亦獲得各方肯定。從其他的報導和文章所見，當時廣告術已被大眾意識到，嘗試理解、接納，甚至認同它的存在價值。

通過影像、印刷及網絡媒界，要大眾知道一齣電影快將在戲院公映，一彈指間便辦得到。但回到 90 年前的二十年代，當進戲院看電影開始成為城市生活的一部分，要公告大眾一齣電影快要上畫，並非一件易事。

沒有時光隧道這條捷徑可抄，有時候憑想像去揣摩當時人的行徑，不免夾雜現代人對事物的理解，今為古用，難免想當然。不如從當時的新聞報導及觀眾親撰的文字，了解當時戲院怎樣引人進場。

豬八戒招親環市遊

回到上世紀二十年代中，當時全港戲院數量不多。《工商日報》每天刊出娛樂活動簡表，內載「梨園譜」、「銀幕譜」及「歌臺譜」，告知大眾哪兒有粵劇看，哪家戲院上映什麼電影，以及各家歌台是日有哪些女伶獻唱。從數量論，歌台是最蓬勃的，達十多家，恆常演粵劇的戲院有**太平**、**高陞**、**普慶**及**新戲院**，而放電影的則有**皇后**、**新世界**、**西園**、**香港**、**第一**、**長樂**，另外，還有間竭性營業、位於紅磡的**美照**，至於油麻地的**廣智**則一直沒有出現在這活動表內。

現代的宣傳無遠弗屆，以整個城市為對象，但當時，除了報章有較廣

的覆蓋面，戲院的宣傳大概只局限於當區之內。倒過來想，以當時的交通配套，即使已有渡輪服務，由深水埗搭船渡海到中環看電影，大概亦非普及的事。

位於中區九如坊的**新戲院**，是一家兼營粵劇演出及放電影的戲院。該院於 1927 年 5 月 7 日公映中國默片《豬八戒招親》，其後報章刊出一則評論，文首便描述了該片的活動宣傳，指片商「以彩輿一，雜作四，飾為八戒新婦、唐僧行者狀，鼓樂喧闐，環市一遍，顧此新婦，乃空其彩輿不坐而步行」。[1] 簡而言之，就是聘請工人肩負繽紛的轎子，配合敲鑼打鼓，與扮作戲中角色的演員，沿街巡遊。

這項吹打巡行的宣傳，看來並非偶一為之，而是在電影放映期間反覆進行。另一位作者在翌月寫下關於該院選片的文章，亦談及戲院的宣傳花招：「並且盛飾儀仗，大賣廣告，把招親二字，幾乎哄動了全港人士耳目。」[2] 之後，另一作者回應該文，亦認為戲院的宣傳方式相當吸引：「每演一幕稗官野乘的影片，必定幫襯儀仗店一次，總是大吹大打裝裝扮扮做出招親的形狀來。」在放映《豬八戒招親》期間：「總有一頂大紅花轎和幾個吹打經過舍下的門前。」他決意購票進場看電影，「去到這所戲院門口，最觸我目的，又是一雙大燈籠，大書豬府迎親，和一群吹打手吹着打着，像煞迎親情狀。」[3]

幾位搖筆桿的朋友，都碰上了《豬八戒招親》的遊街宣傳。上述文章雖用上「環市一遍」、「哄動全港」等字眼，但其影響所及，大概不出港島的中西區一帶。當時，城市的核心就在今天的中西區一帶。翻

讀二十年代的報章，每當報導發生於九龍的新聞，均書以「對海」，
隱見其以港島作為主位的視角。

儀仗巡行宣傳新劇

這類型敲鑼打鼓的巡遊宣傳，並非罕有的廣告手法，比方利舞台便曾因
儀仗巡遊宣傳而遭政府控告。事發於 1928 年 4 月底，利舞台開演由馬
師曾領導的大羅天班，為壯聲勢，廣為宣傳，「由丁財貴儀仗店僱用
儀仗，作廣告式之會景巡遊，鼓樂喧天，頗引人之興趣」。然而，該
次巡遊沒有事先向華民署討「人情」，導致戲院遭受控告。但戲院的
律師辯稱「其會景巡遊，完全為該班戲劇廣告之宣傳，該院既不知情，
自不負責」。[4]

報章報導戲院做廣告的消息實在有限，上述聘人扮演戲中角色或僱用儀
仗遊街的宣傳手法有多流行，難以概論，但從 1929 年報章上刊出一篇
題為《戲院，出喪》的文章，看到這種巡遊宣傳的手法有一定的頻密，
且流行於港九。該文指九龍半島的戲院不多，為招徠顧客，各出奇招，
起初在院外搖鈴，繼而散發傳單，引人注目，及後有院主為宣傳公演的
新劇，「先赴紙紮店定（訂）做劇中人物數具，使無賴子持行通衢大道
之間，招惹視線」。這類紙紮人像外形碩大，如出喪的開路神，加上巡
遊時「鐘鼓響於前，兒童尾諸後，又類人家之送殯者」。對這種宣傳手
法，作者言詞間流露唾棄之意，並慨嘆戲院「同業羨之，爭相效尤」，
更說在九龍「此舉今已司空見慣」。[5]

❶

（圖片提供：澳門藝術博物館）

❶攝於 1920 至 40 年代，記下澳門街頭的諧劇表演。照片右方看到「聯福儀仗公司」的條幅，下方大概是劇名《臨老入花叢》，演出隊伍配備面具、假人和全套戲服，可能是儀仗公司負責為戲班演出做宣傳。

大概這種熱鬧、生動的宣傳手法，於作者看來是吵嚷、胡鬧，亦因為頻密出現，才驅使他撰文表達不滿。縱然巡遊的宣傳效力有其局限，但喧鬧總歸能吸引人，更有好意頭之意。一直到四十年代末，這種手法仍派上用場。1948 年 10 月 29 日，兩齣同樣取材自《七俠五義》故事的粵語片：《五鼠鬧東京》及《御貓三戲錦毛鼠》，以打對台方式在同一天公映，除了在贈送禮物的噱頭上針鋒相對，其中一部片更找來幾名苦力，於街頭「擔起紙老鼠五頭，沿街作活動廣告」。[6]

鋪天蓋地出奇「招」

相對於巡遊，靈活運用招紙雖則低調，卻容易操作，可以恆常使用。雖然此「招」說不上絕招，但薄紙一張便能把信息帶進城市不同角落，總算是好使好用的一招。

招紙亦是印刷品，這兒不撥歸下一篇紙本宣傳品，因為要追溯的是它的散發方式，也就是通過人力張貼或派發。在街上張貼的，籠統稱作「街招」，這種宣傳手法一直沿用至今。聽五六十年代在戲院工作的前輩憶舊，他們不其然舉出貼街招的樂事。當時戲院眾多，牆壁有限，招來招往，見招拆招，你剛貼下，我便蓋上去，把你的信息遮掉，說到此等牆壁空間爭奪戰，他們都樂不可孜。

在街上牆壁貼紙張是違法的，二十年代亦然，但似乎仍然是一個頗通行的方法。1927 年秋季，報章報導**普慶**戲院即將清拆的消息，但戲仍一台又一台的續演，「院主復聘得大羅天前來接續開演，所貼街招，

❷

❸

❷圖攝於 1940 年，記錄了以人手抬着廣告畫板沿街宣傳一景。（Harrison Forman 攝影）

❸攝於 1940 年 10 月的照片，看到灣仔軒尼詩道一座大樓的外牆紮滿戲院廣告，包括中央公映薛覺先、陳雲裳合演的《風流皇后》、娛樂放映的《多夫寶鑑》（Too Many Husbands）及將在新世界放映的《樊梨花》。（Harrison Forman 攝影）

觸目皆是」。[7]縱是簡單的兩句，卻說明戲院是會通過街招作預告宣傳，而且貼的量並不少。

以今天的語言説，街外的牆壁是發放信息的平台，此外還有什麼渠道？查看當時的報紙，縱然是二十年代，但宣傳花招一點不弱。1927 年，報章刊出文章〈歌伶與廣告〉，指廣告傳播信息具有神奇作用，甚至歌台的女伶亦借助廣告推廣：「月兒之將登台也，『月兒來了月兒來了』之告白又遍掛於電車之後，傳播於銅鑼灣愉園屈地街堅尼地城等處途人之目。」[8]看那宣傳語句，感受到奔走相告的氛圍，為平喉歌后月兒登台吶喊，營造萬眾期待之勢。按文章的描述，該廣告是掛於電車車身，所以途經地區的市民都看得到。歌台會為其女伶做電車車身廣告，戲院又會不會呢？

街招是貼於街外的，還有「戲招」。在一篇粵劇評論文字中，作者評戲又評「戲招」，指出「該劇所出戲招，滿紙不通之辭，讀之使人作三日嘔。戲招本為觀眾最注意之事物，宜亟使通人改撰，以免壞牌牽累好貨也」。[9]在另一篇粵劇劇評中，作者亦由宣傳紙品談起：「昨星期見新中華所派戲橋，係新編愛國劇本名《最後五分鐘》，擬有無敵徽號，據其所列十數條款，大吹其牛。」[10]

從上述兩段文字推敲，戲招大概就是戲橋，但它們並非在公演時才派發的，而是預早發放，甚至早達一星期。同時，戲招的內容豐富，足以列出十多條條款，又有廣告嚛頭，加上「無敵徽號」，而且觀眾是非常注意的，若製作拙劣，足以拖垮演出，連累班牌名聲，説明這種

廣告宣傳不能輕率行事。

由動態到靜態，上世紀二十年代戲院為公映的電影或公演的粵劇所做的
宣傳，不失別開生面，效果亦獲得各方肯定。從其他的報導和文章所
見，當時廣告術已被大眾意識到，嘗試理解、接納，甚至認同它的存在
價值。由產品包裝、推銷手法，以至外牆廣告畫，不斷蛻變發展，亦透
視城市消費生活正在慢慢形成。到戲院看片或看劇，自然是其中一環。

[1]　朱門客，〈我亦一談「豬八戒招親」〉，1927 年 5 月 16 日《工商日報》。

[2]　時，〈戲院原來是瓦窰〉，1927 年 6 月 15 日《工商日報》。

[3]　江夏黃童，〈瓦窰戲院的廣告〉，1927 年 6 月 18 日《工商日報》。

[4]　1928 年 5 月 17 日《工商日報》

[5]　四郎，〈戲院，出喪〉，1929 年 6 月 18 日《工商日報》。

[6]　「十字街頭」專欄，1948 年 10 月 30 日《工商晚報》。

[7]　1927 年 8 月 1 日《華字日報》

[8]　笑，〈歌伶與廣告〉，1927 年 3 月 31 日《工商日報》。

[9]　超，〈新景象之壽玫瑰上卷〉，1928 年 3 月 16 日《工商日報》。

[10]　明，〈評新中華之最後五分鐘〉，1928 年 5 月 4 日《工商日報》。

戲橋與特刊

紙品傳聲

電影是新興的事物，尤其是默片，一紙文字解說，多少穩了觀眾的心，在漆黑空間面對快速湧來的影像，不致陷身迷陣。戲橋，物如其名，如架起一道通往戲劇世界的橋。

電影《92 黑玫瑰對黑玫瑰》大玩懷舊趣味，幕前到幕下，貫徹始終。
當年在**倫敦**戲院觀看該片，大堂備有大量戲橋供取閱，未開場已喚起
昔日看電影的舊情調。

實在不能裝年輕，但談到看電影取戲橋的舊事，卻是我的史前史。查
看 1966 年公映、楚原導演的《黑玫瑰與黑玫瑰》，當時為觀眾準備的
是一冊 12 頁特刊。戲橋與特刊，絕對是當年看電影的重要組成部分，
側映各個年代觀影的特點。

世紀初的戲院宣傳品

自我懂得看電影以來，即上世紀七十年代後期，戲橋一類宣傳紙品已
絕跡。當時印刷和電子媒體發展蓬勃，進戲院前，通過電視和報刊，
一部電影的粗淺輪廓早在觀眾腦海成形。但七八十年前卻截然有別，
電影是新興的事物，尤其是默片，一紙文字解說，多少穩了觀眾的心，
在漆黑空間面對快速湧來的影像，不致陷身迷陣。戲橋，物如其名，
如架起一道通往戲劇世界的橋。

1928 年 4 月 10 日利舞台公映中國片《齊天大聖大鬧天宮》，其後報

章上刊出影評，力陳此片之弊，文末指出：「據是劇説明書，原劇本有蚌精裸體戲漁父一節，惟是日不見影出，大抵為審查員撤去。」[1]亮眼的兩個點子浮現：「審查員」與「説明書」。電影解説一類宣傳品在二十年代已流行。

自 1924 年開業以來，位於中區的**皇后**戲院一直是放映西片的大本營，偶遇大片，亦會印製特刊。1928 年 1 月 30 日**皇后**首映默片《賓虛》，此乃《賓虛》的首個電影版本，經後期加色，號稱展示「天然彩色，空前偉大」，院方特別「刊贈專號，以誌盛舉」。另一邊廂，粵劇演出亦有類似安排，1928 年 9 月，新中華劇團在**太平**戲院演出《凡鳥恨屠龍》，亦免費派送特刊，內載各藝員近照、劇情介紹及評論。查看當時粵劇演出的廣告，派送特刊並不常見。

早於二十年代中，**皇后**和**新世界**戲院均有印製自家的「期刊」。以**新世界**為例，期刊逢星期三、五和日推出，僅一頁紙，底面印滿內容，主要介紹電影劇情，間有評論，模式和戲橋類近。集合一定期數，便推出合訂本，供市民購買。

「期刊」不時刊出「招登告白」信息：「本公司經理之五家戲院，每月刊派戲橋 30 萬餘張，其宣傳力比之登報紙告白尤大。」五家戲院為**皇后**、**新世界**、油麻地**第一**、灣仔**香港**及西灣河**長樂**，位處不同地區，分別放映洋片與國片，高低級數有別，但都印發「戲橋」。而「本公司」，就是明達有限公司，當時的主理人是有「戲院大王」之稱的盧根。盧氏早有採用期刊作宣傳，他與猶太人 Mr Ray 合股開辦的**新比照**

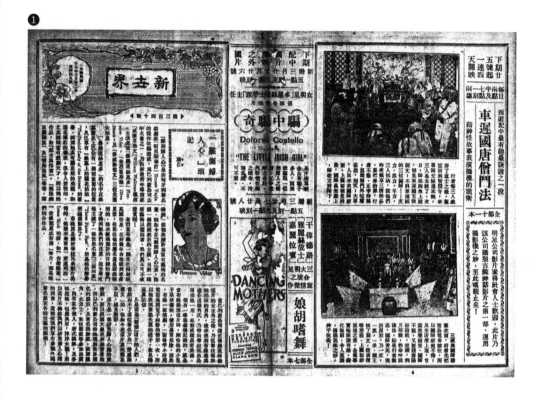

❶ 1928 年新世界戲院出版的《新世界》期刊

戲院，於 1924 年推出戲院刊物《新比照映戲錄》，有論者形容為香港
首本電影雜誌。[2] 不過，香港首本電影雜誌，一般認為是 1926 年 12 月
3 日推出的《銀光》。[3]

皇后於 1929 年 11 月 6 日公映《歌台憨者》（The Singing Fool），
為香港首次公映有聲長片。**大華**則於 1930 年 10 月 10 日首次放映聲片
《百老匯之花》（Broadway Babies），為隆重其事，奉送「印刷優美、
文字豐富、電版悅目、釘裝成冊的大部特刊」。聲片戲院派送特刊越見
普遍，尤其對準音樂部分。1931 年 2 月，**大華**公映《巴黎》（Paris），
奉送「歌譜齊備、釘裝成冊」的特刊，同年 5 月**皇后**公映《新月》（New
Moon），亦餽贈「精美歌譜特刊」。

中華戲院贈全對白特刊

1948 年 8 月 28 日，位於灣仔蘭杜街的**中華**戲院開業，為二次大戰後
香港首家落成的大戲院，擁有 1200 座位。戲院院主為黃杰雲，[4] 由中
央電影社華南辦事處主任張雅恩創辦，並兼任總經理，旨在推廣中國
出品的電影。[5] 戲院曾在報章刊登「宣言」，公告其使命：「雖有粵語
影片在此（香港）經常映出，惜以方言關係，限於地域性，不足以代
表整個中國電影。同人有慨於此，不揣棉薄，方有**中華**戲院之組織，
經常放映中國語影片。」

戲院開辦首年，致力推介國語電影，但一年後，已間竭放映粵語片，其
後由趙樹泰接手營辦，亦曾轉映西片，業務幾經波折，起落沉浮，[6] 最

終由邵邨人購入，並於 1952 年易名**麗都**戲院。

中華戲院放映的國語片包括本地和中國內地的製作。1948 年 10 月 23 日，戲院首映王引導演的《九死一生》，放映廣告上有一列蠅頭小字：「隨票附送國語對白劇本」。「對白劇本」也就是影片特刊，內載影片故事大綱，更把全片演員的對話羅列出來，供觀眾參考。

特刊尾頁印有「上海市警察局」訂定「遵守公共娛樂場所秩序」的八點守則，本子可能直接從上海運來。其面積為 18 乘 17 厘米，幾頁紙的篇幅內印滿大量對話，密密匝匝，雖以分場區隔，卻沒有任何情景描述，頗為難讀。對不諳國語的觀眾，特刊無疑有助了解劇情，但在暗黑的放映廳固然難以邊讀邊追看銀幕，若觀影前先預習或觀影後再重溫，又欠缺同步的趣味。該院公映的其他國語片，如《天網恢恢》、《滿城風雨》、《桃花依舊笑春風》，均有印備這種全部對白特刊。

影片特刊落齊唱詞

香港重光後幾年，粵語片製作量穩步上揚，查看當時報章的放映廣告，個別影片公映時推出特刊的，均會在廣告標明「票房代售精編特刊」一類字眼，看來印發特刊尚未成為慣例，要刻意提醒。這類精編特刊各有賣點，像 1947 年公映的《斷鴻零雁》，屬「隨券附送精美曲譜，先到先得」；余麗珍首部參演的電影《三月杜鵑魂》，發售的則是「精印歌詞特刊」。同年還有由新聲劇團戲寶改編的《晨妻暮嫂》，亦是白雪仙首次演出的電影，廣告指出「票房代售精美特刊，每冊兩角」。

❷《九死一生》廣告的右下方，註明「附送國語對白劇本」。

進入五六十年代，為電影印備宣傳紙品漸趨普遍，今天更成為觀影舊憶的鮮明印記，走過那些年的觀眾記憶猶新。他們會告訴你，西片較多派發戲橋，粵語片則常有特刊發售。兩者的分發地點雖然都在戲院，但它們是由電影公司製作的，宣傳大員撰寫的影片故事，又稱「本事」，很多時會同步發稿到報館，在電影公映前一天或當天，翻開報章的娛樂版，便看到數則中外電影的「本事」。

簡單而言，戲橋是一頁紙的單張，內載影片「本事」，綴以小量劇照，一般放在進入映廳的閘口位置，供人免費索取。特刊是經釘裝的小冊子，篇幅約有 8 至 10 餘頁，除刊登本事，還加插明星介紹、拍攝花絮，少不了是片中歌曲的唱詞，正如上文所說：「票房代售精編特刊」，特刊是要付錢買的。

談到購買特刊，老一輩觀眾常會哼出一闋類近的小插曲：在票房選好座位並付錢，售票員眼明手快，二話不說便把特刊連同戲票和找贖零錢推給你，假設你一定會買，電光火石之間你也不好意思爭拗，畢竟是幾毛錢。據知發售特刊的利潤會撥歸員工，所以格外落力推銷。

當然，這是部分觀眾的感受。五十年代中開始的 10 年，歌唱片發展為一個流行的粵語片片種，部分更是全鑼鼓歌唱，恍若舞台紀錄。歌唱片的擁躉倒愛這類特刊，因為落齊影片各支歌曲的唱詞，看罷電影還可以手執一冊哼唱回味。1955 年公映的《棒打薄情郎》，其特刊除了一小段影片簡介，餘下全是各場的唱詞，而且標註工尺譜，即使特刊封面亦以工尺譜符號裝飾。該片為素有「曲王」美譽的吳一嘯首次執

❸

❹

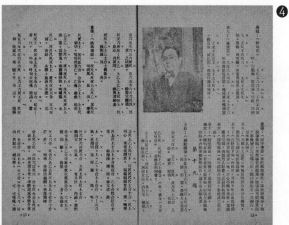

❺

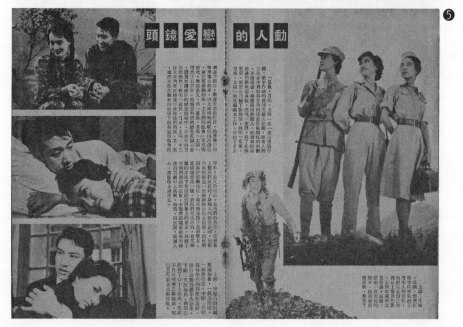

❸《棒打薄情郎》特刊封面以
公尺譜符號作裝飾。

❹《棒打薄情郎》特刊內載唱
詞，並標示公尺譜。

❺ 電懋名片《星星月亮太陽》
的特刊，內載本事及多幅劇
照。

導之作（與陳國華合導），並由撰曲人王心帆參訂故事，歌唱部分無疑是引人入勝的。

宣傳紙品發放色彩

數年前，與舊物店負責人談起戲橋的價值，他笑說：「細路時，當廢紙用來摺飛機，怎料現在是寶。」輕如一頁紙，歲月為它添上厚度，身價亦水漲船高。曾撰寫不少掌故文字的魯金，於 1983 年某天途經中區荷李活道一家舊書店，赫見擺出一疊 200 多張舊戲橋發售。他以為花三五十元便能整疊購去，豈料店主開價是每張三元，若散買，更要每張五元。他心想：「『戲橋』本是贈閱印刷品⋯⋯想不到日子一久，不值錢的東西，也值錢了。」最終以每張五元之價購入兩張三十年代粵劇演出的戲橋。[7]

時空一轉，30 年過後，戰前到六十年代的宣傳紙品固然已進入歷史文物的位置，加上收藏者追捧，有市有價。時至今日，坊間有售的戲橋和特刊，精品不多，零星殘存的亦動輒索價一百幾十。個人欠財力，只能小量購入，聊備一格，收藏較多的，就是看電影時取的印刷品，都是八十年代之後的東西。

進入八九十年代，隨片推出戲橋或特刊已不流行。港產片方面，遇上話題作或賀節片，為加強宣傳，片商仍會製作特刊，發行到報攤銷售。西片院線相對派發較多紙本宣傳品，隨着印刷技術改進，宣傳紙品已突破昔日的單色或雙色框限，五彩紛陳，即使製作仍難言標致，但不

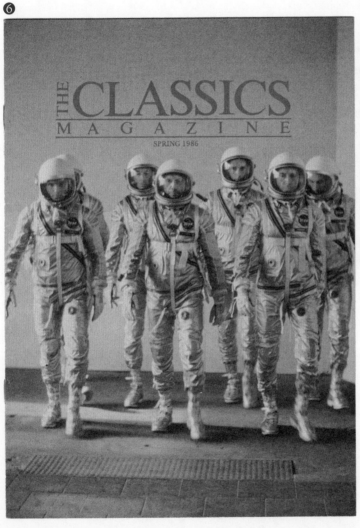

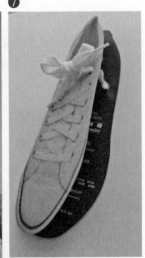

❻ 1986 年春季號《新華影訊》

❼ 1999 年公映的《小鞋子》，
其首映場戲票設計成鞋子模
樣，繫以真鞋帶。

失醒目美觀，圖像清晰，部分也費過心思設計。若説和戲院關係較緊密的，立刻想到 1985 年 9 月 1 日啟業的**新華**戲院所發行的季刊，彩色印刷，隨票派送，簡介即將上映的電影，雖云內容單薄，卻拉近了戲院和觀眾的距離。其後開業的**影藝**，以至影片發行商如泛亞、創造社，亦不定期印發各式單張和影訊。

屈指一算，八十年代距今已 30 多年，論歲月厚度，如薄霜般淺淺的結了一層，那一期的印刷品會否因此而身價上揚？沒渠道打探，説不定「市」和「價」都不存在，但聞説有一款印刷品倒引起大眾蒐集的興致，就是優先場、首映場的戲票。與其説票，其實是邀請卡，大都印有影片的海報或劇照，部分製作精美，如伊朗電影《小鞋子》，便提供一款立體卡，穿上了真的鞋帶。

當大眾認同這類票具有「特色」，漸次便生出價值，強化了蒐集的理據。即使無緣持卡入場，亦會佇候於戲院出口，向散場觀眾垂詢索取。不過，這是聽回來的，我未嘗遇過，或者流行此玩意時，我已絕跡於此等優先場。

1　超，〈國畫大鬧天宮〉，1928 年 4 月 17 日《工商日報》。

2　盧志強，〈戲院大王盧根〉，第 686 期《電影雙周刊》（2005 年 7 月 28 日）；列孚，
〈當代香港電影雜誌鈎沉〉，第 1 期《香港電影》（2007 年 9 月）。

3　《香港電影資料館十周年紀念》特刊（2011 年）；1926 年 12 月 3 日《工商日報》。

4　1948 年 3 月 5 日《華僑日報》；老吉，〈邵邨人港九買戲院〉，第 25 期《大成》（1975
年）。

5　1948 年 8 月 26 日《大公報》；1948 年 8 月 28 日《華僑日報》該戲院開業廣告。

6　黃卓漢，《電影人生：黃卓漢回憶錄》，P.50-55。

7　魯金，〈古老舊戲橋當寶每張售五元〉，1983 年 11 月 21 日《明報》。

❶

❷

❸

❹

❺

❻

跨年代紙本宣傳品

❶《勾魂艷曲》（1952）特刊，該片由李麗華主演。

❷《翠翠》（1953）特刊，林黛參演的首部電影；一件留有明顯歲月痕跡的藏品。

❸喜劇《大團圓》（1956）特刊，該片由吳楚帆、白燕演出。

❹電懋出品粵語片《月宮寶盒》（1958）的特刊封面，圖為主角張瑛及羅艷卿。

❺《赤腳樊梨花》（1960）特刊，封面演員左至右：余麗珍、任劍輝及梁醒波。

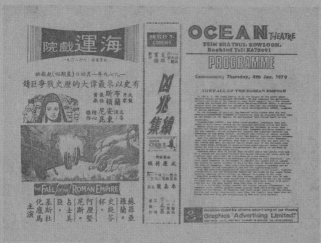

❻ 1962 年 5 月 30 日，邵氏出品的《楊貴妃》在皇后戲院舉行首映禮，並為英國紅十字會籌款，港督柏立基爵士以贊助人身分出席。首映禮場刊以英文刊印，本事部分則中英對照，印刷精美。

❼ 1979 年海運戲院發出的戲橋。

❽ 1978 年，紐約、凱聲聯映配備「超感身歷綜藝體」音效（Sensurround）的《中途島戰役》，並印發特刊推介。

❾影藝戲院於 1988 及 89 兩年舉行國際影展，並印發特刊。

❿《滾滾紅塵》（1990）的宣傳單張，內附本事，粉紙精印。

從業人員記搜

雕琢好戲名

訪利雅博：追憶父親利章的戲院人生

利雅博笑言，像《夜半無人私語時》，片名雖美，其實和影片內容有出入。但這些標致的名字，既發思古之幽情，又流露雅意的幽默，作為引人進院的前菜，是挺奏效的。同樣，利章所起的影人譯名亦不乏傑作，一個「柯德莉夏萍」，可謂不朽。

1963 年 5 月 16 日，《鐵金剛勇破神秘島》在**利舞台**和**樂宮**聯線公映。報章刊出圖文並茂的廣告，力陳影片「打鬥激烈」及「香艷刺激」。50 年過去，2012 年 5 月 17 日，我把這張廣告貼到網誌，寫下〈占士邦電影 50 周年紀念〉一文，不久，得到一位網友留言：

「在這裏看到《鐵金剛勇破神秘島》的報紙廣告，感觸良多。家父當年在利舞台上班，與陳子龍先生（已故）、鄭達民先生等共事於廣告部，『Dr. No』的中文片名、『戲橋』的撰寫、所有的報紙廣告設計，都是由他們幾位一手包辦。」

看到留言，腦海立刻浮現一張舊剪報，那是 2002 年 10 月，西片宣傳前輩利章接受《太陽報》訪問的報導。把此事重申，獲網友確認，對方續寫下：「家父為人低調，不太喜歡接受訪問，加上當時健康已經很壞，所以需要我在旁協助、鼓勵，才能把他一生唯一的一個媒體訪問做完。」

雖云撰寫戲院網誌，但跟業界畢竟隔重山，往往只能作表面的白描，能獲戲院從業員的後人、本身亦是電影人的利雅博留言，誠屬難得，更感謝他願意扭動鑰匙開啟記憶庫，追憶舊事。

❶❷❸❹參與西片宣傳工作逾 40 年，利章曾創作不少響亮、優雅以至傳世
的片名，如：《春光乍洩》、《鐵金剛勇破神秘島》、《良宵花弄月》、
《蠟炬成灰淚未乾》。

任職利舞台 宣傳新戲碼

利章原名利秉璋，同業愛稱呼他「利章」。無法返回 1963 年，難以探知他當年把首齣占士邦電影譯為「鐵金剛勇破神秘島」的心路歷程，相信他交出片名時，定然料不到這譯名格式，可媲美占士邦電影，歷久彌新，直至 2012 年的《新鐵金剛智破天凶城》（Skyfall），仍然沿用。

請利雅博憶述父親的西片宣傳工作，雖非難事，卻不易圓滿：「我的記性不算差，但那時我只是幾歲的孩子，留下的都是小孩子的記憶。」印象中，他父親在戰後開始參與西片宣傳工作，四十至六十年代末，主力服務**利舞台**，期間曾任職**都城、娛樂**等戲院。平日利章毋須早起上班，一般午膳後才回戲院，除非上午要看試片，「他們當時叫『試畫』，不是試片。」他打趣的補充。每天下午五時正便下班，十分規律，跟着前往戲院側霎東街上的加拿大餐廳茶聚小憩，與行家聊天聯誼。

本身是影迷，亦長時間參與電影工作，利雅博幼年的一雙眼睛如同鏡頭，細緻的記下眼前景物。「阿爸當時的辦公室在利舞台，小時候偶然會跟他返工。在戲院後方，即現在香河越南菜館的位置，有條巷仔，有道門可以走上三樓的辦公室，上面還有一間試片室。那兒有條樓梯可以直達舞台後台，但我從沒有落過去。另外，有個位置可走上『飛機位』，即是高座，邊端有道門可通往他的辦公室，有時候會走上去看電影。」

漆黑的映廳，閃亮的光影，當然教人着迷，但略顯沉悶的辦公室，同樣看到風景：「那辦公室的模樣，我仍然記得。在角落位有個洗手盤，

上方貼了一張《風雲群英會》海報，紅色底，上面有個武士，是 Saul
Bass 的設計。」那時候的孩子循規蹈矩，眼看手不動，只觀望。「留
在那兒，看着他們工作，其實有點悶，但你不敢騷擾爸爸工作。」

據 2002 年的訪問，利章表示曾翻譯的西片戲名不下二千個，芸芸作品
中，《風雲群英會》（Spartacus）是其中之一。[1] 由氣象萬千、儱人
心魄的譯名，到悅目的廣告鋪排，當天宣傳人員的具體工作，因為少
年利雅博不厭其悶的觀察，今天仍能追述一二。

雕琢好戲名 愛《夢斷城西》

利章的工作崗位，透視了今昔西片發行之別。當時美國各大型影片公司
均在港設分公司，但只負責影片發行，宣傳工作則交由取得映權的戲
院處理。首輪西片線一般以港九各一家大型戲院組成，以 1964 年為例，
分別有**樂聲、新聲**線；**豪華、新華**線；**皇后、麗聲、皇都**線，以及**利舞台、
樂宮**線。院線通常與美國八大公司之一簽訂合約，全年主要放映其發
行的影片。**利舞台、樂宮**線主要映聯美的影片，也曾映派拉蒙、美高
梅的電影。利雅博依稀記得，**利舞台、樂宮**兩院均設廣告部，交替為
聯線放映的新片做宣傳。位於利舞台三樓的廣告部，約有 4、5 位同事，
為行將公映的西片構思戲名、宣傳語句，翻譯各類資料，撰寫戲橋和
宣傳文稿，設計刊於報章的廣告，以及戲院外牆大牌的草圖。

對於廣告部職員的工作情形，利雅博腦海留有一個深刻的畫面：「他
們設計廣告時，很有心機的在紙上打格仔，用美術字寫戲名，自製 art

title。」廣告稿會製成電版，分發到各報館刊登。而英文報章的廣告，往往能採用隨片運來的英文材料，工序相對簡省。

翻看五、六十年代的《華僑日報》，一幅幅醒目的電影廣告，是整份報章最引人入勝的圖像，原來出自宣傳人員之手。憑藉個人的審美眼光拼砌廣告，無論兩、三條字的橫向條幅或方正的廣告框架，在圖像佈局、主次鋪排上，都有板有眼，而片名的字款，亦能配合片種，玩出花款，悅目可觀。

除了設計廣告、書寫宣傳資料，利章亦要翻譯字幕，每每在有限時間內，把整部影片的對話言簡意賅的呈現，「他翻譯的字幕，在圈內是頗有名的。」利雅博補充。父親曾向他指出，六、七十年代英國出品的「嬉春」系列喜劇，像《海軍嬉春》（Carry On Jack）、《大國手嬉春》（Carry On Doctor）等，要把原來的搞笑對白，如英語的相關語，對等翻譯，令本地觀眾生起共鳴，開懷大笑，有一定難度。

利章畢業於皇仁書院，中英文根柢深厚，從戲名的譯作，到字幕翻譯，他都手到拿來。五、六十年代替西片起名的一輩高手，其生花妙筆向為人津津樂道，尤其以詩入題的佳作，以華麗詞藻烘托影片氛圍，像霧又像花，未必全然脗合故事內容，卻餘韻無盡。

出自利章手筆的，如《金枝玉葉》、《春光乍洩》、《花街神女》、《錦繡山河烈士血》、《良宵花弄月》、《龍虎榜》、《紅菱艷》、《兩小無猜》、《神龍猛虎闖金關》、《蠟炬成灰淚未乾》、《獨行俠千里送

❺利雅博說父親利章甚少拍照，幾經辛苦才找到這張
生活照片。

❻ 1954 年 4 月在娛樂戲院公映的《金枝玉葉》，由
中文片名到影星柯德莉夏萍的譯名，均來自利章。

貞娘》及《夜半無人私語時》。[2] 回想起來，利雅博笑言，像《夜半無人私語時》，片名雖美，其實和影片內容有出入。但這些標致的名字，既發思古之幽情，又流露雅意的幽默，作為引人進院的前菜，是挺奏效的。同樣，利章所起的影人譯名亦不乏傑作，一個「柯德莉夏萍」，可謂不朽。

西片譯名歷經幾代演變，由當天融匯詩詞，到今天諧音充斥，不少人慨嘆中文水準江河日下，利雅博無意以昨是今非的方向定性，反從較闊的角度觀察：「改戲名需要很專門的技巧，潮流一直在變，一代又一代人做宣傳，變化很大。當年的戲名非常文縐縐，畢竟那一輩人的文學基礎較深，到現在則傾向普及文化。」

譯作的片名眾多，利章曾表示，他最滿意《夢斷城西》（West Side Story）。影片於 1963 年 4 月 1 日在**利舞台**、**樂宮**聯線放映，譯名和字幕皆由他負責。對這經典作，利雅博亦有一頁難忘記憶。當年他 9 歲，便隨父親去看試片：「在灣仔的 China Fleet Club 試片，那兒有個很大的放映廳，只有我們幾個人在看。若你問我為何會在那兒試片，我就不清楚了。」

創立恩培羅 發行英國片

利舞台向由利家麾下的民樂娛樂公司營運，六十年代末，該公司結束，戲院的管理由華星娛樂接手。此時，利章亦為事業另闢新途，創辦恩培羅影片（香港）有限公司（Imperial Picture），專營西片發行。

1968 年 9 月，恩培羅早期發行的多套電影陸續推出，包括《慾海紅蓮》、《寶劍明珠俠士情》、《禁臠俱樂部》、《龍虎天下》等。可見發行的片種頗多元化，既有成人趣味，亦有意大利西部片，而同期發行約瑟夫羅西導演的《意馬心猿》，更屬藝術小品，曾獲 1967 年康城影展獎項。[3]

1969 年夏季，其接連推出《招狼入舍》、《隔牆有眼》、《春情金絲貓》及《冷血驚魂》等影片。[4] 同年 6 月，英國蘭克公司結束其香港辦事處，往後影片的發行權交予恩培羅。翌年一月，原蘭克公司的遠東經理李雅頓（George Rearden）獲邀出任恩培羅的總經理，業務進一步拓展，主力發行蘭克、英獅及聯英三大英國公司的出品。[5] 七、八十年代，恩培羅先後發行了《萬花吐艷滿堂春》、《小英雄與大刺客》、《血光鬼影奪命刀》、《兩小無猜》及波蘭斯基的《孤島驚魂》、尼古拉斯盧的《天降財神》，[6] 成為當時發行英國電影的主要公司。1983 年，影業研究者余慕雲在一篇文章提到：「專門發行英國電影的電影公司，從前者有『鷹獅』、『蘭克』、『恩培羅』等，現在一間也沒有。」[7]

香港的西片市場向來是美國片天下，昔日的西片院線，常以取得八大公司的放映權作招徠。戰後，香港從艱困中走過來，戲院業亦逐步穩定發展。作為英國的殖民地，香港自然為宗主國的出口貨開方便之門。重光後翌年，政府為增加放映英國片，提出定額放映，要求西片戲院每 70 天須撥出 7 天映期放英國片，違例者將受罰。1946 年 10 月 11 日，立法局通過「規定映英影片及限制影片定映」法案。[8]

及至 1948 年中，英國片商仍認為本港西片市場被「外籍影商集團包圍」，故向港府要求修例，效法星洲，把放映英國片的定額增至每 70 天映 10 天。這項配額制度約實行至 60 年代中才結束。[9] 不過，當年英國影業尚算蓬勃，在香港市場仍非稀有動物，恩培羅得以在美國片盤踞的縫隙間開發市場。直至 70 年代末，英國電影業大不如前，該公司在 80 年代初退出市場。利章開始其半退休生活，偶然做點字幕翻譯工作。

一代接一代 投身電影圈

在男孩子心中，父親的形象往往是他們想像未來的依據。當年父親在戲院工作的身影，讓利雅博有過矇矓的憧憬：「對他所做的，感覺了不起，視作偶像。他最愛穿短袖白恤衫，口袋插一支筆，他常常説這是『廣告佬衫』，當時想：我都要有件廣告佬衫。」縱然沒有在「我的志願」寫下「電影人」三字，但那種影響是不着痕跡的滲透。

隨着利章從事影片發行生意，與英國的電影公司緊密往來，利雅博和電影圈子開始連線：「我 1970 年到英國讀書，抵埗後便跟着李雅頓先生前往拜會蘭克等幾家公司，他向大家介紹我：『這是利先生的兒子』。」在英國讀書 5 年期間，所有假期他都留在當地，在 Anglo-EMI 影片公司的宣傳部「打散工」，不僅認識到外國片廠的運作，更有難忘的偶遇，像碰到差利卓別靈和作家阿嘉莎・克莉斯蒂，又在《火車謀殺案》（Murder on the Orient Express）的攝製現場，遇上英格烈褒曼。

自英國學成回來，父親建議他當記者。在報館及外國通訊社工作了幾

❼ 1969 年 5 月，恩培蒙推出夏季攻勢，預告將發行多齣西片，像波蘭斯基導演的《孤島驚魂》及碧姬芭鐸演出的《春情金絲貓》。

❽ 本身是戲迷的利雅博，自 1979 年加入電影界，一直從事影業工作至今，可謂子承父業。

年後，因緣際會下進入嘉禾，參與開發海外市場，公司的負責人不少是父親的朋友，份屬世叔伯。源於喜歡電影，利雅博終究投身影業，父親曾否期望他入行？他想了想後説：「沒有期望。但加入電影圈後，重遇一班世叔伯，與父親傾談起來，大家多了話題。他沒想過我會做電影，但亦有一點欣慰的。」

此間，除了戲經，父子間還可以談工作。從小到大，戲院在他們中間佔着一個位置。像 1964 年底，**利舞台**公映《平西誌》（How The West Was Won），該片以新藝拉瑪（Cinerama）制式拍攝，美國部分戲院以三機投映，呈現其闊幕影像。香港映的只是普通版本，但利章亦特別向兒子介紹該項放映技術。説來，**利舞台**給利雅博的記憶特別多，幼年隨父親上班，當記者時又曾進出採訪香港小姐、環球小姐活動。又如 1979 年啟業的**碧麗宮**，當年他特意邀父親一起欣賞它的瑰麗豪華，「開幕時我專程去買第一場的戲票，請阿爸看《異形》，他已多年沒進過戲院。」老戲院、舊電影，霎時回想，依然暖心。

利雅博的祖父於上世紀初在利園山的片場工作，由父親到他本人，都投身電影圈，現在他的女兒也在外國從事影業工作。迷人的電影，就在他這一家，一代又一代的傳承。利章於 2003 年夏季辭世，享年 82 歲。2002 年所做的訪問，便成了人生中的唯一，前輩往昔工作的細節，不易再探。利雅博説父親是個仔細的人，善於做紀錄，但那些紀錄本子此間不知隱身何處，或許可透露更多。無論如何，前輩當天創作如繁花般耀目的片名，早成時代的印記，教後輩永遠惦念。

1　《風雲群英會》於 1961 年 4 月 20 日在利舞台、樂宮聯線放映。

2　《金枝玉葉》（Roman Holiday，1954 年 4 月 15 日公映）、《春光乍洩》（Blow Up，1967 年 6 月 8 日公映）、《花街神女》（Irma La Douce，1964 年 7 月 1 日公映）、《錦繡山河烈士血》（The Alamo，1968 年 9 月 28 日公映）、《良宵花弄月》（The Pink Panther，1964 年 4 月 9 日公映）、《龍虎榜》（The Great Escape，1963 年 12 月 24 日公映）、《紅菱艷》（The Red Shoes，1949 年 3 月 17 日公映）、《兩小無猜》（Melody，1971 年 10 月 25 日公映）、《神龍猛虎闖金關》（Mackenna's Gold，1969 年 7 月 11 日公映）、《蠟炬成灰淚未乾》（Sweet Charity，1969 年 11 月 6 日公映）、《獨行俠千里送貞娘》（Two Mules For Sister Sara，1970 年 7 月 23 日公映）、《夜半無人私語時》（Pillow Talks，1960 年 1 月 26 日公映）。

3　《慾海紅蓮》（Poor Cow，1968 年 9 月 12 日公映）、《寶劍明珠俠士情》（Mission of Revenge，1968 年 11 月 15 日公映）、《禁臠俱樂部》（Forbidden Beauties，1968 年 11 月 21 日公映）、《龍虎天下》（Ride for A Massacre，1968 年 11 月 24 日公映）、《意馬心猿》（Accident，1968 年 9 月 13 日公映）。

4　《招狼入舍》（Twisted Nerve，1969 年 5 月 22 日公映）、《隔牆有眼》（Wonderwall，1969 年 6 月 20 日公映）、《春情金絲貓》（Contempt，1970 年 1 月 15 日公映）、《冷血驚魂》（Repulsion，1969 年 8 月 29 日公映）。

5　1969 年 6 月 28 日及 1970 年 1 月 25 日《華僑日報》

6　《萬花吐艷滿堂春》（Loving Feeling，1970 年 3 月 14 日公映）、《小英雄與大刺客》（Eyewitness，1971 年 2 月 5 日公映）、《血光鬼影奪命刀》（Don't Look Now，1974 年 5 月 5 日公映）、《孤島驚魂》（Cul-de-sac，1970 年 6 月 12 日公映）、《天降財神》（The Man Who Fell To Earth，1982 年 3 月 19 日公映）。

7　余慕雲，〈發展電影事業的重要一環：香港電影發行業概況〉，第 45/46 期《中外影畫》（1983 年 11、12 月）。

8　1946 年 9 月 27 日及 10 月 12 日《華僑日報》

9　1949 年 5 月 14 日《華僑日報》；秋子，〈香港戲院的「配額時代」〉，2002 年 4 月 8 日《文匯報》。

戲院經理自白

你無咁嘅牙力，做唔到！

爛仔來搞事，我不會同你講，我去找他們大佬：「你話明班細路不可以來睇霸王戲，現在他們就在戲院入面。」大佬叫他們出來，兜心口打過去：「嗌你唔好去。你要睇戲嘅，就話畀我聽，我畀錢你吖！」我直接找大佬來揼他們，費事同你講那麼多。

2010 年 4 至 5 月期間，筆者兩度拜訪參與戲院工作逾 45 年的戲院業前輩。對方擔任戲院管理工作多年，曾在**總統**、**豪華**、**京都**、**百樂**、**新都**、**快樂**等多家戲院任職，及後更參與管理院線麾下的戲院。直至拜訪當天，他仍然是業界從業員。

前輩先生很低調，不想人家誤會自己愛出風頭，故希望在隱名下分享經驗，筆者當然尊重。對於漫長的戲院工作歷程，他樂於分享：「你有興趣知嘅，咪講一啲過你聽囉！」細道起來，如數家珍，每個小節仍清晰若昨天發生的事，言談間流露對管理專業的自豪，以至對工作成績的肯定。

縱然資歷豐富，但不流於固步自封。由於一直參與業界工作，對經營模式的轉變、放映器材的革新，均有所了解，同步前進。然而，話語間仍流露幾許舊痕，像提及戲院的等候進場空間：「個客廳都好闊落喫！」說到所放的電影：「套畫係長嘅！」幾個單詞，便把歲月拉回那些年。

說到當年的排片安排，觸及一些技術細節，有點不易解說，他忍不住補上一句：「好多嘢喫，唔係咁簡單……」。對於長河般的歲月瑣事，他老成持重地寄語：「戲院嘅嘢，要做過至知，唔係講就明……」好一

記棒喝，教筆者汗額，奈何無法在戲院謀職，只能以旁觀之身，聆聽前輩分享，無論是抗衡黑社會滋事，以至靈活應變控制購票人潮，都讓筆者對戲院管理的內情多知一二。長輩話當年，風趣利落，一字到位，且直接聽他分說。

帶位員，戴眼鏡不獲聘用

我在專科學校讀完會計，就在建築公司做文員。上班後才發現要一腳踢，哪個地盤要落石屎、哪個工地要出糧，都要去跟，常常頂到三更半夜。試過十號風球，仍然要在地盤跟進落石屎，必須趕在水浸前做好。一直做下去，實在不行，決定辭職。

那時銅鑼灣的**總統**戲院剛開業，我就問人：「介紹我入去做帶位得唔得？」結果，戲院開張第二年，即 1967 年，人家介紹我入去做，對方還問：「做帶位，唔可以戴眼鏡㗎！」我有 220 度散光，不戴眼鏡都可以。當時請帶位，戴眼鏡是不會聘請的，人家把票給你，你慢慢照來看，那就死火啦！同時，儀容亦是一個考慮，須知道，那時帶位要着整齊制服的。我做 Captain，要打煲呔，不是掛上去那種，是用手打的。**總統**是一流戲院，夥計的制服要企企理理，我做 Captain，就要管這些。當時**皇后**的制服好整齊，**總統**亦一樣，兩邊肩膊是縫上花邊的直膊，扣直鈕，皮鞋要擦得「立立令」，怎會像現在那樣，着對波鞋又話去帶位，一定要有對皮鞋。

我在**總統**做了兩個戲，已經升去管人，當時月薪是 190 元，較之前份文

員少了四分三，但我沒有家庭負擔，就無所謂。大概做了年多，**豪華**就請我過去，再之後又轉去**京都**。

有牙力，抗衡爛鬼滋事

當時**百樂**開業不久，那負責人見我在**京都**管班夥計好嚴格，所以托人請我過檔。不過，經理一職只有 600 元，我跟對方講，經理只是一個名銜，你給我一個名銜無用的，我要食飯㗎！做經理，要應酬呀，難道和人家飲杯奶茶，亦要人家付錢！更何況，**百樂**的情況不易處理，它側邊大坑，入面那座馬山，全部是爛仔、道友。當時，那班人時常入去睇戲，整家戲院都是道友，誰人會去睇戲？情侶拍拖入去，周圍都是道友，嚇死人啦！

我出來做這一行，見的人不少，你無咁嘅牙力，做唔到！這種情況你不能不管，要不然一個帶兩個、兩個帶四個來搞事，以後就煩到無命。你是大阿哥、大佬，你來到，我請你睇戲，限兩個位，你班細路就要自己買票入去，你得就得，唔得而走入去，我即刻打電話去差館，CID 馬上到，我不理你，我哋做人好硬淨嘅，唔係我哋點樣企咁耐呀！

到**百樂**上班，當時的人工，我一定要一千元，要不然我就不做了。你要我做管理，我要請一個副手回來，同時要辭去戲院原來的人手。喂！他們識那班爛鬼，爛鬼來到你全部讓他們入場，你請我回來坐鎮都無用，一擰轉頭他們又放人入去，所以要請一批新人回來，我要他們怎樣做就怎樣做，否則換湯不換藥，都是無用的。

❶ 1974 年 6 月，《老千計狀元才》挾金像名片之勢，在百樂戲院公映。該院不時在大牌製作上大玩花款。

1977 年我轉到**快樂**戲院工作，那邊的爛仔更多，隔鄰都是字頭友。誰人到來睇霸王戲、搞事，就揪佢囉，以前係要講牙力！爛仔來搞事，我不會同你講，我去找他們大佬：「你話明班細路不可以來睇霸王戲，現在他們就在戲院入面。」大佬叫他們出來，兜心口打過去：「嗌你唔好去。你要睇戲嘅，就話畀我聽，我畀錢你吖！」我直接找大佬來揪他們，費事同你講那麼多。

我如果驚，就成世都唔得閒，我要收工呀！條院線有好多間戲院，我們不怕的，哪個環頭、哪些人，乜乜物物，我們全部知道，處理這種事，不容易，講就易，不知幾多司理，詐詐諦諦，爛鬼來到，就匿埋一邊費事理，個夥計就求其讓那些人入去。好似旺角有些戲院，做做下變了爛鬼竇，他們講：「你唔知架啦！呢道咁鬼雜嘅地方，點搞啫！」你話無得搞、無法子，但我又搞得掂，他們不會來搞我的戲院，我不鎖你就假啦，睇你夠唔夠膽量去做。

購票者擁擠　執生應變

百樂初開時，無片做，惟有做二手片。1971 年 6 月 16 日我正式到**百樂**上班，前一天 15 日，我和老闆飲茶，然後去戲院先取鎖匙。那日做二輪西片《鐵血將軍巴頓》，已是二時多，那裏有很多人排隊買票，見到這情況，我叫票房把座位表撕開兩張，左和右座位分開來賣，超等分兩張，後座又分兩張，分幾條隊來賣，一個職員賣票，一個找錢，開場前便賣到滿座。

❷位於佐敦道的快樂戲院，先後映過西片及港產片，戲院周圍環境較雜，管理上頗費周章。

當時老闆打電話來問票房，我話：「滿座！」他再問：「問你收了多少錢？」我答：「都話滿了座！」他不相信，即刻搭車來戲院看。間戲院開幕以來，即使年卅晚，都不會滿座，從未試過滿座。他和業主講起，話我好腳頭，今日未正式上班，站在那兒已經滿座。事實上，賣票要識賣才行嘛，都二時多，條人龍 50 多人，你還逐個逐個賣，賣到來都夠鐘開場啦，人家還會不會買票入場看？我便把座位表撕開兩邊，分開來賣，那就快好多。

那時候戲院成日滿座，怎似現在那麼他條。賣票是有個程序去做的，要配合得到。好似**麗宮**，有 3000 個位，1988 年做許冠文的《雞同鴨講》，又係爆棚。3000 個位你怎樣賣到滿座？當時我亦有管那邊，一樣把座位表撕開來賣，分四邊賣，合共四個人賣票，四個人找錢，我自己都幫手找錢，卒之賣掉 3000 個位，好嘢。不夠人手，我在第二處找人過來，寫字樓同事都下來幫手，要不然，怎樣賣到 3000 個位，無講大話架，老闆都知的，全部實牙實齒。

以前我在**豪華**做，賣六種票，A 到 F，映「鐵金剛」片，賣六日票，更難搞。預售票由頭賣到落尾，真係去廁所都唔得閒，張座位表一大疊，逐張揭來賣。一日五場，賣六日票，要逐場過數查數，你話幾個賣票的如果不和，還做不做得到呢？你估咁簡單呀，我哋做執飛票務，要一腳踢。

管理調配 時刻用腦

在戲院做經理，如果正式做，有好多事要處理。以前無早場，最早 12 點半場，11 點左右要回去，巡視整間戲院，看看清潔工做好功夫未，他們要在 12 點半前清潔好。那時人人愛吃香口膠，要看有否劏去黐在地面的香口膠，凳底有沒有拖乾淨，你不巡，污糟了亦不知道；又要睇下座椅有否損壞，爛了就要換，以前有些人會搞破壞的。

戲院有 6、7 個清潔工，帶位亦要幫手清潔，每人挽桶水去抹乾淨所有座椅，即使你不日日抹，至少要日日掃塵。我做阿頭，就是要督促他們做好，哪會有人自動自覺，若人人都自動自覺去做，那麼找來幾個帶位就可以開場，毋須請人來打理。

以前在**豪華**，逢星期日早上 11 點會做卡通片，那天 10 點就要回去，巡視戲院，看看夥計是否到齊，誰人遲到或早退。以前戲院有好多職員，帶位、守閘加起來 14、15 人，戲院時常爆棚嘛！超等位要行樓梯上落，滿座時，無 3、4 個人帶位不行；怎似現在，開了燈人人自己識行，以前是要帶的。

以前的戲院都有個好大的大堂，是政府規定的，建戲院時已設計好。堂座都有 900 多個位，沒有這麼大的大堂，怎讓幾百人等候。**豪華**堂座入口是兩邊樓梯上去入場的，散完上一場，掃好地後，立刻開閘讓觀眾兩邊上，那時候戲院是很旺的。**豪華**超等的客廳好大，先讓超等觀眾上去等，你不能讓千幾人塞在大堂。入面散完場，掃好地，就讓觀眾入場。

我們做事是用腦的，預早吩咐夥計開閘給觀眾上去先，你不能等散完場才讓人上去，超等要行樓梯上去的，等人行到上去都開映啦！

戲院夥計，一班早，一班晏，中間會有落場時間，但工時都好長，至於打理人，更要由頭做到落尾，由朝早 11 時許做到夜晚散午夜場，已是凌晨一點多，你計計條數，時間幾長，不過打工，最緊要敬業樂業，時間是長，就由它長吧，慣咗囉！

無張得體廣告畫 唔似樣

我做過的戲院，都很重視外牆廣告畫，不會隨意貼張紙上去就算，甩甩漏漏，似乜嘢呢？唔似樣嘛！做高級戲院要有個款呀，很重視向街的廣告畫，是給人看的，尤其向着電車路，不擺張大幅廣告畫，點似樣呢！人家經過望到那麼大個牌掛出來，知道梗係靚畫啦！

七十年代初，我在**百樂**，有大片時，會搭棚掛起個牌，成幅畫擴大，像《教父》，把個公仔頭凸出來，若果四四方方、平平板板的，就唔好睇。這些要教個夥計，如何擺位，由頭到尾做幾多呎，要幾多塊夾板，叫他畫幅草圖出來給我看，擺出來就搶眼得多，人家才知你做什麼戲，不是求求其其擺出來呀。這幅《教父》，你拿張海報來比一比，一模一樣的，這就叫做手藝囉。

在**百樂**時，我亦找過一個後生仔來畫畫，十幾歲，在**東方**做細路的，他是跟大師傅余福康的。我老闆當時還說：「你請個細路，有冇搞錯呀？」

❸約攝於 60 年代末，幾位銅鑼灣豪華戲院的場務員和管理人員，站於堂座入口的階梯留影。背後牆壁懸有精美的柚木浮雕。

❹1973 年 10 月，《教父》在百樂公映，為配合其大片格局，該院特別搭起竹棚，擴闊大牌。由鄭文輝繪畫的廣告畫，逼真，具震撼力。

我話他畫畫功夫了得便可以，不一定要年紀大才行，他功夫夠就無問題；何況我毋須理太多，要是他不行，他師傅都會跟手尾，做得師傅，不會讓個徒弟衰。結果畫出來，噫，係醒喎！

現在已經冇人畫公仔，師傅過身，原本的學師仔亦不會再做，無人畫，亦無後生仔來學師。過多十年八載，想搵個人來畫公仔都冇，人人都用機器沖曬出來，何需再用人手畫。

後記：世界變 戲院轉

訪問在 2010 年做的，往後幾年，斷續接觸到一些業界人士，包括繪畫戲院外牆廣告畫的師傅。重新細聽訪問錄音，上述提到的畫畫後生仔，相信就是鄭文輝，本書訪問的幾位畫師，都甚欣賞他的畫作，據知他現已移居外國。

如前輩所言，繪畫大幅廣告畫的師傅已絕無僅有，目前香港餘下幾家戲院設有外牆廣告畫，都是採用沖印模式輸出，再張掛於院外，如前輩所言，作為向街的戲院，無張廣告畫是不像樣的。對於戲院經營模式的轉變，前輩看得透，指世界在變，戲院亦在轉，現在毋須放菲林片，都用數碼輸出。

他指出，設於商場內的戲院銀幕數目多，選擇多，商場內又有其他娛樂設施，大家可以各取所需，盡興而回。同時，向街的舊戲院，觀眾得抵着日曬雨淋之苦才能到達，對現代人而言已失去吸引力，拍拖情

侶亦不喜愛這種老式戲院。不過，舊戲院以其較廉宜的票價，總歸讓部分家庭及長者獲得娛樂機會，為社區提供了所需的服務。

筆者作為老戲院的資料蒐集者，總希望不單單只閱讀紙頁上的資料，而是能夠繼續親身體會舊戲院的觀影模式，商場文化在這個城市異常強勢，覆蓋一切，主流以外的商號無立錐之地，群眾的生活經驗被不自覺的牽着走，無疑是可惜的。

放映師的半生戲緣

訪羅錦存：放映歲月60載

任放映員多年，最愉快的看來就是自由自在，沒起過轉工之念：「我們做開就好地地！覺得份工好自由，人家九時上班，我們中午才上班。下午無場次時，可以瞌下眼瞓、出去飲杯咖啡，總之好自由，無人理。」

把「羅錦存先生」的名字鍵入網絡搜尋器，只獲得一條結果。那是香港
電影資料館第16期《通訊》內載的捐贈簡介：「有關香港戲院戰前的『駁
片機』相信已失傳於坊間，若不是熱心的羅錦存先生親臨資料館捐贈
此塊寶，我們亦不知從哪裏可搜集有關器材。」

這部用於接駁菲林的駁片機，是羅錦存父親保留下來的，今天算來已
有百年歷史。父親遺下的不僅是這珍貴的文物，還有放映師的身份，
伴隨他走過人生的黃金歲月。他欣慰的説：「我們是戲院世家呀！」

70年後續看《太平洋上的風雲》

筆者於 2014 年先後兩次訪問羅先生，他已 83 歲，走路時需摻扶手杖，
但精神不錯，對舊事記憶清晰，在略顯急促的話語中，往事徐徐吐露，
小節豐富。十餘歲他便走進戲院機房，隨父親學習放映電影，先後於
中央、**西園**、**長樂**、**東方**、**環球**及**利舞台**等戲院工作，其後曾在影片
發行公司任職，最終還是故業重操，進入 UA **金鐘**當放映員。退休後在
油麻地戲院工作，直至該院結束。他從未接受過訪問，逾半世紀的放
映歲月，說來的語氣是不過如此，聽者倒覺趣味無窮；就由那台駁片
機談起吧！

❶羅錦存參觀油麻地戲院時，發現大堂陳列的舊放映機擺錯方向，他向工作人員留下溫馨提示。

上世紀初，羅錦存的父親在法國百代電影公司（Pathé）的香港辦事處
工作，維修放映機和幻燈機。後來公司結束，負責人返回歐洲，離開前，
給羅父寫下推薦信，並贈他一台駁片機。這台文物一直留在兒子身旁，
直至他慷慨捐贈出來。百代公司發出的推薦信極具份量，父親不久獲
當時最具規模的影片發行商明達公司聘用。1930 年**中央**戲院啟業，羅
父進入該院當技術員，月薪 80 元，並獲老闆允許兼職賺外快，替其他
戲院維修放映機，像**新世界**、**景星**、**新華**、**砵崙**及九龍城的**文明**戲院。

1930 年，羅錦存出生。父親既為**中央**戲院員工，兒子進出戲院亦屬尋
常事，其他戲院他亦是常客，可以全天候看電影。1938 年 4 月，侯曜
導演、李綺年演出的《太平洋上的風雲》首映，有天，他在**西園**戲院
觀賞這電影之際，「看到一半，老竇入來叫我去食飯。當日土地誕，
有餐飯食。」戲由是放下了，怎料餘下的一半，一擱 70 多年才看畢。

話說《太平洋上的風雲》早已在地平線上消失，成為大量失佚的粵語
片之一。2012 年，電影資料館獲美國華僑方創傑捐贈多套粵語片拷貝，
該片連同多齣戰前電影重見天日，再現銀幕。「早陣子走去看，才把
電影餘下的一半看完。」2014 年春，《太》片出土重映，羅錦存特意
再當座上客，把因一頓飯而錯失的電影完完整整的看畢。

凳仔駁腳當放映員

1941 年底，香港淪陷。時局混亂，時年 11 歲的羅錦存亦放下學業，隨
父親到**中央**戲院當放映助手。位於西營盤的**西園**戲院，當時由一班夥計

自行合作經營，攤分收入，共渡時艱。他的堂兄原在該院的放映機房當「大偈」，又稱「頭手」，即是主管，隨着他回鄉避戰亂，留下了空缺。

「那時我剛剛學懂放映畫，老竇叫我：『不如你上去做，分番一份！』結果就由兩個細路，另外有個大一點，幾個細路仔做，放映時要放張凳仔做駁腳。」他細細碎碎的憶述，禁不住報以嘻笑。如此這般兒戲的放映，打發了一段淪陷歲月。一如很多本地居民，困難的日子實在熬不下去，後來一家人回內地生活。不過，放映生活卻沒有中斷，父親仍在中山的戲院工作，直至和平。

香港重光後，他隨父返港。那時已近成年，曾嘗試延續因戰火而中斷的學業，上過夜校，讀了兩三年書，終究興趣不大，便跑到筲箕灣**長樂**戲院充任放映機房職工：「當時**長樂**缺人手，有位世叔伯叫我去幫手，但做了一兩個月，並不習慣，便離開了。剛巧**東方**戲院要人，表叔叫我去做『細路』，在機房執頭執尾，那時我差不多廿歲，做了年多。後來又跟其他叔父在**太平**和**國泰**做過，直至**環球**戲院開張，老竇過去做，我亦跟着他過去。」

聽他簡述戰後幾年的工作，轉輾往還，都轉不出戲院圈子，背後更看到他的親屬網絡，他說：「我們是戲院世家呀！」原來父親帶了不少鄉親出來工作，「當時大部分戲院機房內做頭手的，都姓羅。」

羅錦存父親戰後回港，先在**國民**戲院工作，後加入新開業的**環球**。眼見兒子在幾家戲院兜轉，可説已入行，便對他說：「不如就正式做吧！」

父子並肩坐鎮**環球**的放映機房，他當父親的助手，一直工作至 1971 年戲院結束。言談間觸及機房人員的職稱，什麼「大偈」、「頭手」及「助手」，很隨意的，問他有否正式職銜？他想了想，帶點模棱兩可的說：「機房內的阿頭，有些叫『大偈』，有些叫『頭手』，然後逐級落是『二手』、『三手』……都沒有什麼特別職稱。」

他進入**環球**時，父親是機房的「大偈」，連同他共 4 位下屬。父親 1958 年辭世，他獲晉升填補父親的空缺，但人手卻自動流失一名，手下只餘 3 人。工作還是依樣的處理，說來多一個少一個都不打緊，影響不大。作為外圍觀察者，筆者對戲院內部運作甚感好奇，眼前人只覺十年如一日，屬慣性動作。每天中午上班，進機房開動機器，播放時代曲，準備開十二時半場：「看看第一場的放映情況，聲音要調校一下，開定了無問題就無事，其他場次都是照樣放映。」偶有電影公司租戲院試片或團體租來映招待場，他們得在深夜或早上加班，但可從院租扣除若干作補水。

當時戲院仍未採用大盤菲林的放映機，**環球**置有兩部放映機，交替放映，每放完一本片便轉一次機，機器以燃燒炭精作光源，需人手查看炭精的燃燒情況，可見涉及一定的手作工序。他卻不以為然，指沒有什麼繁複的功夫，機器都相當自動化，毋須正經八百的緊密監看。電影開定後，大家可以輪流「蛇王」，管你讀報或外出嘆茶，只要做妥功夫，便無人干涉。工作既全年無休，如此「你蛇下我蛇下」，就視作補償。

「當時我們好自由。」他不止一次提及。「自由」便是工作的優點，縱

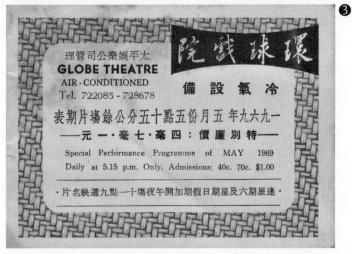

❷羅錦存在環球戲院工作 20 年，由放電影到替歌舞團表演打燈，從未轉工。60 年代末的戲票顯示該院當時由太平娛樂公司管理。

❸五、六十年代，粵語片戲院均設廉價西片公餘場，圖為環球公餘場片期表，內載該月戲碼。

然欠缺晉升機會，大家還是守着崗位，從未有人事變動。**環球**結業前主力做歌舞團表演，每週只放電影一次，放映員可謂無用武之地，但合約規定不能無理解僱，他們轉做舞台燈光，直至結業。「戲院這一行，好難講升職，都是『死位』。除非你跳槽到新開的戲院，或者人家撬你過去；但一直都沒有人叫我跳槽。」

易燃硝酸片與電單車走片

筆者幼年時，最愛回望戲院放映機房那扇玻璃窗孔散射出來的交錯光影，牆後的空間，望不到更觸不到，此間實在要向過來人問詢，即使無聊如：「曾否試過有昆蟲走過那窗孔，給倍大投映到銀幕？」他立刻回答：「有呀，有時會有烏蠅走過，但銀幕上不會現出來的。若在放映室這邊，便趕牠走，若在外面，就無法子。」

他指出，普通玻璃會有肉眼難以察覺的水波紋，但孔洞上的玻璃片卻不同，從美國原裝入口，特別昂貴，晶瑩清澈，光線穿過投到銀幕去，不會現出水波紋：「成塊玻璃好正！以前戲院個洞很細的，後來擴大了，要大塊一點的玻璃，那塊更貴。」這片玻璃由鐵架套着，清潔時要整塊拉出。護理既麻煩，若含雜質又怕影響放映，何不由它留空，不鑲玻璃？他迅速回答：「消防局規定的，要用玻璃和外邊隔開。另外，還有一道防火閘，散場時要降下，把幾個洞遮蓋，即使火燭，亦不會波及外邊。」

為方便工作，他們不會每場戲都把防火閘升降，除非有人來檢查，說

到這裏他又補上一句：「到後期就無所謂，後期的菲林是燒不着的，早期的菲林是燒得着的呀！」1951 年之前，電影是沖印到硝酸菲林上，屬易燃物料，相當搶火。羅錦存於戰後開始參與放映工作，接觸過這類底片：「以前的菲林燒得着，直情快過火藥，『冚冚聲』就燒掉了；**快樂**戲院曾試過燒着菲林火燭。」

當時放映機以燃燒炭精作光源，而硝酸菲林有易燃特性，火焰一觸即發。那時候，**快樂**、**國泰**和**環球**均選用英國牌子 Kalee 的放映機，備有防火裝置的：「放映時，部機要關上蓋的。當內裏着火，Kalee 機有一條引線，條線被火燒斷時，便有兩個滅火筒彈出來，噴出碳氣，不是噴藥水，而是以氣體焗熄個火，頂多燒掉那一部分的菲林。」當火燃起時，若慌張的打開鏡頭，或放映時沒有關起機蓋，火便蔓延開來。他懷疑**快樂**的職工沒有關好機蓋，釀成火警。

Kalee 廠方曾派遣一位外國人技師到**環球**戲院指導他們，並再三強調：「映畫時一定要關起機蓋，映完一本菲林，才打開再裝片，裝完關起機蓋，那就無事，即使燒，亦只是燒那一部分。」他引述當時所學到的。不過，他們一班年輕人卻存玩火之念：「我們想燒一點來過把癮，那時老寶還在，就話：『唔好搞啲咁嘢！』」不過，既然工程師在場，他們還是燒了一點，見識它的火力：「一燒就着，燒着了就燒開去，好快就全燒掉，真的什麼都燒掉。」

工作幾十年，猶幸未遇過機房火燭燒斷片，但斷片之事則不時碰到，那就是「走片未到，敬請等候」的時間。當時影片公司沖印的拷貝有限，

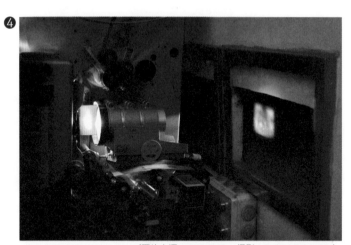

（圖片來源：Wikimedia，攝影：Roman Bonnefoy）

（圖片來源：Wikimedia，攝影：YellowFratello）

❹放映機的影像穿過機房的窗玻璃
投向銀幕，是夢幻的源頭。

❺英國牌子 Kalee 出品的放映機，
在香港並不普遍，早年的快樂、環
球卻選用。圖為三十年代的一款放
映機。

一條院線 7、8 家戲院聯映，鄰近地區的需共用拷貝，這家放完頭一本片，便運到另一家，後者需較前者遲開映。羅錦存指出，有時候第一家開 12 時 15 分，另一家則開 12 時 45 分，預留時間「走棧」：「因為用單車走，後來則改用電單車，電單車是我最先用的。」他不無得意的告知。

環球曾加入中央院線，又夥拍**太平**組成太環線，主力映粵語片。「**環球**要走片，有時與**筲箕灣**，亦曾與**中央**、**金星**走過。」單車走片勝在靈活，但為求加快速度，「我知道朋友有電單車，便想到不如試用電單車，會快很多。」負責走片的並非戲院員工，而是找人兼職，曾託過在電燈公司派單的朋友，駕着單電車順道送片，又找過同學，一度有三架電單車一起做。

由單車發展到電單車，不外求快，追趕兩家戲院之間小小的放映間隙，但意外難免，像壞車，甚至發生交通意外：「那位朋友好醒目，當場截了一輛的士，託司機把菲林交來戲院，我們便跑落樓付車費及取片。」不過，「走片未到」已成定局，影片未能一氣呵成放映，觀眾自然鼓噪，「這麼多年都沒有人搞破壞。若停得太長，觀眾不滿，好過癮，若斷片達十分鐘，大家會好嘈，唯有開燈，但從未因為斷片而要散場。」

豪華夠氣派 利舞台陳皮

環球戲院結束後，羅錦存曾打散工，1973 年加入恩培羅影片公司，管理菲林。他的表兄謝標在**利舞台**當放映主管，其後把他帶進該院，重

拾放映工作。相對於**利舞台**，**環球**屬規模較小的戲院，他指該院的級數屬「中中地」，較首輪西片戲院遜色，但比環頭環尾的小戲院優勝，到結業時仍不算殘破。該院一直沿用同一部放映機，僅更換鏡頭和配件，後期雖添置了闊銀幕，但因為放映粵語片，毋須置弧形大銀幕。

利舞台的放映機房需繞道天台，再走下一層才能抵達，頗迂迴，空間雖大，但窗戶眺望不到大街，工作環境侷促：「**環球**的機房望到街，我們又可以外出走動，好開心；**利舞台**則死實實，天棚關上門，沒風景可看，好似坐監，令人無甚心機，總之間院已經好鬼陳皮，死氣沉沉。」像筆者此等後來者，到**利舞台**看電影儼如朝聖，但換個角度，放映員看到的是晦暗沉悶的景像，他愛自由，更愛五光十色的街景。

由於機房差不多立於戲院三樓，放映機的放置便有別於人，他嘻嘻笑的說：「一般戲院的放映機是平放的，頂多略傾斜的向外映出去。但利舞台太高，要『棟督企』的斜置，由上而下映下去。對放映並沒有影響，只是這樣斜置，燃燒炭精時，不斷有火向上燃，上面的反光鏡很快弄髒，常常損壞。」

禁不住打蛇隨棍上，請他以放映員的身份，評價怎樣的戲院設計才算優勝。他立刻回應，卻是品評戲院：「**樂宮**戲院最有威勢，最有氣勢；**豪華**戲院個圖則就最靚，兩邊樓梯進入映廳，個大堂非常大。**京華**個圖則就最衰，那道樓梯要轉彎的，又逼窄……」他說當時一般戲院都設置兩部放映機，配合實際所需，偶有置三部，但銅鑼灣**豪華**卻備有四部放映機：「**豪華**真奇怪，裝了四架機，但都是用兩架，其他作為後備，

❻戲院機房放置的菲林放映機，今天已成歷史。

『真係打風都唔慌冧檔』！」

羅錦存退休前，曾在新啟業的 **UA 金鐘**工作，新的制度、新的器材，亦經過適應期：「起初不熟習，有點不太放心，後來熟習了就好方便，操作各方面都差不多。」總歸是功多藝熟。任放映員多年，最愉快的看來就是自由自在，沒起過轉工之念：「我們做開就好地地！覺得份工好自由，人家九時上班，我們中午才上班。下午無場次時，可以瞌下眼瞓、出去飲杯咖啡，總之好自由，無人理。」

戲院內觀眾受影像感染，體驗喜樂哀驚，要是沒有放映員放送，便難以圓滿。放映員就是把膠片上的影像顯影在銀幕的「樞紐」，但當事人未必覺察。想當年，遇上新片上畫，檢查放映機之餘，「自己又順便看電影」。這鋪戲癮依舊隨身，今天雖然行動遲緩，羅錦存仍上戲院看電影，尤其設長者優惠的場次。談到近月新開業的戲院，他說：「那一家我早去過了！」

邀請他拍攝照片留在書上，他腼腆的說：「不好吧！」我也不勉強。放映生涯看來沒留下什麼給他，只是，幾十年的職場舊憶，感謝他願意分享，已是最難得的一份歲月珍品。

戲院管理今與昔

訪崔顯威：戲院業發展應完整記錄

聲、光、座這些硬件東西，新戲院經營者的確銳意提升，但所謂硬件，內裏亦包含一點軟的東西，比方人。他續補充：「服務上，難以回到從前。以往戲院是賣服務的，因為人手足夠，現在有些場次是沒有人帶位的，沒法子，始終請人難，難以每個崗位都安排到充足的人手。」

2008 年 4 月，替報章撰寫戲院報導，策劃人着我向舊戲院商借場地拍
攝主版照片。舊戲院？本地的選擇實在有限，最先向觀塘**銀都**戲院打
聽。手頭沒有任何聯絡名單，直接致電銀都機構，接線人員也很直接，
二話不說便提供崔顯威的手提電話號碼。他的回覆同樣直接，只消道
明來意，已協助安排，兩通電話，便把拍攝時間落實。

手提電話號碼於我是挺私人的資料，但崔顯威的電話早在採訪圈中流
轉，有關銀都機構麾下戲院的動向，以至本地戲院的舊聞新風，每每
想到：「不如問問崔生。」那串私人號碼的隨意發放，多少反映他對
香港戲院的今昔發展，抱持一份着意的關懷，且樂於分享，好多留一
頁紀錄。

當天那通短促的電話沒有把我們連繫起來，反而往後幾年，因緣際會
下曾碰面數次，閒聊幾回。閒聊總難深入，訪問才能說個圓滿，再次
按動那串半公開的私人號碼，邀請他安坐下來，回溯當天，細說那帶
着無盡記憶與情感聯繫的戲院軼話。

❶自 1975 年加入珠江戲院，崔顯威參與戲院及電影業工作，剛好 40 年。

成長於珠江戲院

崔顯威笑言是百分百的香港仔，1957 年生於香港，童年時代在紅磡區的天台屋度過。一如那些年無數草根階層的生活，辛勤刻苦，偶有的娛樂節目，就是隨家長進戲院看電影。區內給他印象最深的是位於寶其利街的**永樂**戲院。

當時在**永樂**看的，多數是黑白粵語片，鑼鼓戲曲，神怪法術，簡單的生活因為這些黑白影像而添了些許色彩。**永樂**是他首次和戲院結緣的地點，可說是個人的啟蒙戲院，對戲院內觀還依稀記得：「戲院位處街市。進門後，走上樓梯，放映廳的入口在兩邊。戲院設樓座，坐木板凳，洗手間在銀幕下方。」當天在這家建於五十年代、已頗髒污的戲院欣賞電影時，他大概沒想到，往後的青春歲月，一大部分就在戲院中流走。

位於土瓜灣馬頭圍道的**珠江**戲院，於 1964 年 5 月 16 日開幕。在它啟業後的第 11 年，剛中學畢業的崔顯威正式進來工作。戲院於 1994 年 3 月 27 日結業，那時他已調職銀都機構戲院部，**珠江**屬該部門管理，它的結束仍由他經手。

在**珠江**戲院發生的事，一件件恍若刻在腦中，恆久常青。他可以準確無誤的告訴你在 1975 年 8 月 16 日入職當帶位員。不過，那並非他首次在**珠江**戲院手握電筒引領看客對號入座。讀初中時，當時年僅 14 歲，已在鄰居介紹下，在**珠江**打暑期工。往後，戲院每遇假期旺季，便召來這位年輕的兼職帶位員幫忙。

❷戲院啟用前所拍攝的正立面照片，「珠江」兩個銅字後來被移到右方，前面加建了懸掛大型廣告畫的鐵架。

❸珠江戲院的開幕請柬，由當時珠江娛樂有限公司董事總經理潘國麟及董事許敦樂等人敬約。

年輕人總有外鶩之心，他也不例外，帶位工作幹了半年，便萌生去意，投函到銀行求職，事件被戲院管理層知悉，當時的「六院總經理」潘國麟挽留他，並安排他到寫字樓工作。結果，那半條已跨出院門外的腿，又和順地收回來，此後便在**珠江**偌大的範圍遊走，一級級晉升、成長。初登寫字樓，協助處理戲院每天刊於報章聯合版的廣告、搜集資料、排二輪片等，其後獲擢升為副司理，1982 年再升一級，大概是業內最年輕的司理，逐步管理整間戲院。80 年代中，開始參與銀都機構轄下戲院的管理工作，直至今天已是機構的管理層成員。

「六院總經理」管理的六院，包括**普慶、珠江、南華、南洋、銀都**及**新光**。來到這一點，筆者困惑何以一位帶位員的去留，會勞動到總經理挽留？崔顯威倒不以為然，指出當時中資機構的職員，大多數來自愛國學校，而他畢業於華英中學，相對較為另類：「像我這種身份背景的年輕同事是比較少的，英文水平亦可以，當時潘先生拉着我，叫我留下多學一點，這亦是公司的政策，希望培育年輕人。」

左派戲院的凝聚力

崔顯威進入**珠江**戲院時，內地文化大革命已到尾聲。經歷這場政治運動，來自非愛國學校的年輕人，進入所謂左派戲院工作，不會有疑慮嗎？他聳了聳肩的指出，本身的生活環境，多少和這個圈子有接觸。像設於**珠江**戲院隔鄰的工人俱樂部，他童年時已隨任職米業的父親前往見識。「1964 年隨家人回鄉探親，那年我 7 歲，第一次接觸祖國，不感到有何異樣。當時鄰居亦不乏愛國人士，正如我入**珠江**，是由鄰

居介紹，對方認識**珠江**的領班。當然，我們亦非很左的家庭。」

不過，和坊間五光十色的其他戲院一比，左派戲院的確有點不同。他說：「外邊的同業看我們，覺得是好神秘的。」但時為七十年代後期，環境已變，人在其中，看到的更多是戲院的特色，例如發展出一套獨特的營運文化。「我們有自己的一套。當時僱傭條例並不成熟，戲院職工沒有法定假期，但我們已建立了假期制度，實施每週放假一天。編更亦較完善，同事每天約工作 8、9 小時。」

當時雙南線麾下六院的同事，薪金縱非格外高，但也不算差，勝在能維持較有規律的生活。同時，員工福利上更顯體貼入微，比方設立「互助組」：「這是**珠江**戲院獨有的組織，幫助同事解決日常生活的問題，像集體買米、糧油食品、罐頭和日用品，從而降低售價，惠及員工。」又在戲院大樓內闢出活動室，供員工落場小憩或進行康樂活動，內置乒乓波枱，大夥兒可以工餘遣興。

戲院的營業時間長，九點半場散後已很晚，為方便同事，院方在一側的珠江樓分設男女同事的宿舍，讓單身的同事入住。住宿以外，膳食亦不或缺。宿舍旁設有飯堂，特聘「炊事員」，煮其大鑊飯，於中午及黃昏時段，開設頭尾兩圍，供同事用膳。

雙南線的六家戲院亦別開生面的設立「院慶」。**珠江**的院慶定於每年 5 月 16 日，說來是個名目，讓同事下班後來趟集體活動，聯誼感情。「當天最後一場戲散後，約 11 時許，大家集合在三樓超等外的等候客廳，

同事一起煮食，特別開心。」對當年大夥兒同幹活、同耍樂的生活，言談間仍流露惦念。

珠江由始至終，剛好走過 30 年，經歷幾許起落。八十年代，它踏上另一個入座高峰，映過不少賣座片名片：《少林寺》、《火燒圓明園》、《投奔怒海》、《父子情》、《童黨》及一系列紀錄片。隨着戲院老舊，迷你戲院興起，種種因素下，**珠江**終在 1994 年完成其放映任務，畫上句號。

早在**珠江**結業前，崔顯威已參與管理銀都機構轄下的其他戲院，包括成立**影藝**戲院。踏進九十年代，面向迷你戲院的大趨勢，機構的戲院亦要變身，**銀都**、**南華**的一開二改建工程，成為他當時的要務。機構亦擴張了院線的陣容，租下不少戲院：沙田**新藝**、元朗**樂宮**、石硤尾**南昌**及迷你**南洋**戲院。廿年光景，它們亦逐一結束，作為掌管戲院部門的人，他說：「我都經手結束了很多間戲院。」說來不帶感性語氣，但聽在耳內，想到出自熱愛戲院的人的口，還是聽出情感的迴響。這一系列已結業的戲院，對**珠江**的感情無疑特別深：「它的結業，當然是唔捨得！」

捨不得棄老寶物

投身**珠江**工作時，他不過是繃繃跳的小夥子，晉升至司理後，仍不脫他所說的「百厭」個性。在暇餘時間，會跑到票房幫忙賣賣票，又或走上機房，弄弄放映機，甚而在試片室學人剪剪片：「我曾經讀過剪片的課程，所以會去學做一下，那時是舊式接片方法，塗些哥羅芳把菲林駁上；

甚至燒炭精的放映機我也懂，因為玩過。」跑進美術部，他夠膽拿起油掃鬚上無關要緊的兩筆，更甚者，會爬上外牆的鐵架，幫忙掛廣告大牌。

如此舊日的足跡，都隨着**珠江**整幢建築物清拆而消聲匿跡，只是，那些若隱若現的舊痕，卻無形地留在原址：「每次返回土瓜灣，來到**珠江**的舊址，便想起昔日戲院的模樣，哪處有隱蔽角落、哪兒有什麼特別，在腦海中是洗不掉的。現在不時有機會回顧過往，都提醒我，以往的生活都幾得意。」

思念是無形，舊物卻實在，讓憶記更具體。他向來有收藏關於戲院的老東西，涉及**珠江**戲院的更不在話下。請他帶一點來分享，縱然剛剛公幹回來，他並無遺忘，兌現承諾之餘，更帶來驚喜。譬如一幅闊逾十呎的**珠江**戲院開業酒會來賓簽名的紅緞，過去以鏡架鑲起懸掛在辦公室內，結業時，他小心的留下，收藏至今。紅緞那喜慶的顏色依然沒褪，其上密密匝匝以毛筆書寫的嘉賓名字，記錄了名人、影星、機構和團體到賀的熱鬧盛況，恍若遙遙聆聽到當天會場上的喧鬧。

戲院開業時印製的特刊，他亦珍而重之的保留。特刊絲毫沒有破損，儼如新刷。封面刊登了戲院建築物的正立面照片，壁牆與窗洞背後的風景，他瞭如指掌，依着指尖的去向信口解釋：「外牆珠江兩個字是銅鑄的，它們後來被移到右邊的牆上。前方加了個懸掛廣告大牌的架，換大牌時，同事就由這邊超等座位的窗口走出來，上一層是放映機房，再上一層這個位置後面是活動室……」

❹自言個性百厭的崔顯威，當年走遍戲院每個角落，包括放映機房。

❺珠江於 1964 年 5 月 16 日開幕，當天的嘉賓簽名紅緞，昔日懸於戲院辦公室。戲院結業後，崔顯威一直保留着。

❻他收藏的珠江戲院開幕特刊，新淨如昔。

今昔有別，當年具規模的戲院啟業時，會隆而重之刊登大幅報章廣告，**珠江**戲院當天刊於《大公報》頭版的開業廣告，仍留在崔顯威手中。把報章完好收藏實非易事，自早年入職起，他已蒐集戲院聯合版廣告，日積月累，完整地保留一段時期各院線發展的第一手資料，加上各種雜誌，便成為他研究戲院業課題的有用材料：「一直我都有做戲院方面的紀錄，像每條院線映過什麼電影、每部片的收入，這些紀錄透視了業界的演變，內裏有很多學問，好過癮。」

可惜，上屋搬下屋，總唔見一籮穀，何況他多番經歷戲院結業清拆、搬遷辦公室等，耗用空間龐大的報刊資料，零零散散的消失在歲月的長河中。然而，為戲院作整全紀錄的想法，並未被歲月沖洗掉，信念仍堅定：「我希望戲院行業的發展能夠被記錄下來，其實每個行業都應該做。戲院業包含了很多小的行業，像座椅的演進、放映技術的發展，以至大堂小賣部經營模式的轉變，都有必要做記錄。」過去幾年，不止一次聽他吐露，心懷一願，就是建立香港戲院的資料庫，不一定很深入，但至少全面地記錄歷來香港戲院的重要資料，勾出業界蛻變的雛型。

舊日戲院街坊情

以正式加入**珠江**戲院工作算起，崔顯威在業界工作剛好 40 年，眼見戲院由大變小、由單一變綜合、由弧幕立體到震動座椅⋯⋯對今天戲院的優與缺，有何意見？他想了想，以從業員的持平角度概括：「戲院的基本設備，就是聲、光、座。聲，現在的戲院十分好；座位，行距夠闊，已很舒適；光，已是數碼化，畫面光暗平均，不會斷片。較可惜的是

銀幕，還是稍為細了一點。」

聲、光、座這些硬件東西，新戲院經營者的確銳意提升，但所謂硬件，內裏亦包含一點軟的東西，比方人。他續補充：「服務上，難以回到從前。以往戲院是賣服務的，因為人手足夠，現在有些場次是沒有人帶位的，沒法子，始終請人難，難以每個崗位都安排到充足的人手。」當年**珠江**戲院以其 1895 個座位成為全港第二大戲院，[1] 他點算了當時場內服務員的人數：正副領班各一人，負責帶位、守閘的場務員則有 12 人，清潔工友約 7 人，管理上相當完善。

戲院內的另一群人，自然是觀眾。今昔戲院在佈局上區別明顯，以往，人口密集地區一般都會開設戲院，幾近區區都有，每每成為坊眾聚腳的場所。當年中資機構麾下的戲院，亦以貼近社區群眾為依歸。崔顯威回想說：「當時戲院和街坊的關係很緊密，好像**銀都**，票房旁邊有個休息室，一些街坊會來閒坐聊天。我們在**珠江**，和街坊、周圍的小販都很熟絡，可以交下心。」他指出，當時戲院都有一個寬敞的大堂，街坊來看看畫片、與職員聊聊天，慢慢便形成交流的平台。

昨天回望，樂事憾事難免交纏而來：「歷年來，行業內的人事變化很大，經營者亦轉變了。很多老前輩看着我大，帶着我成長，不少都已離世，感覺唏噓。」變幻原是永恆，無法逆轉，在急遽變幻的當兒，能夠凝住每個關鍵的時刻，大抵如他的心願所揭示，就是為業界的進程作全面記錄，串連起來，便成為本地戲院業發展史的概略草圖。

❼珠江有 1895 個座位，七十年代起，為全港第二大戲院。圖為由銀幕望向座位，三條走道把座位分成四欄。

❽從樓座望向銀幕的一景。珠江的銀幕闊 49 呎、高 21 呎，幕前鑲有半圓拱形的緯幕，每次開場都有啟幕的前奏。

臨離開前，崔顯威建議我考慮一下，把他提到的內容化為寫作題目，
譬如戲院大堂小食部經營模式的演進、放映廳座椅的蛻變、放映機運
作的改進歷程⋯⋯確實是有趣而重要的發展史。可惜，作為從未參與
戲院業工作的人，只擁有觀眾的角度，箇中是有難度。當然，我亦希
望能進入這些範疇，不避粗陋，勉力探索，縱是淺淺幾筆，亦期望為
香港戲院業的無形資料庫多添兩頁粗疏的材料。

1　擁有 3000 座位的麗宮戲院於 1966 年啟業，自擁有 2080 座位的金華戲院於 1970 年結業後，珠江成為全港第二大的戲院。

□　　□　　□　　□　　□
印　　排　　裝　　封　　責
務　　　　　幀　　面　　任
：　　版　　設　　設　　編
劉　　：　　計　　計　　輯
漢　　黎　　：　　：　　：
舉　　品　　夏　　旨　　梁
　　　先　　寶　　喬　　卓
　　　　　寶　　　　　倫

香港戲院搜記・影畫爭鳴

• 著者　黃夏柏

出版　　中華書局（香港）有限公司
　　　　香港北角英皇道 499 號北角工業大廈一樓 B
　　　　電話：(852) 2137 2338　傳真：(852) 2713 8202
　　　　電子郵件：info@chunghwabook.com.hk
　　　　網址：http://www.chunghwabook.com.hk

發行　　香港聯合書刊物流有限公司
　　　　香港新界大埔汀麗路 36 號
　　　　中華商務印刷大廈 3 字樓
　　　　電話：(852) 2150 2100　傳真：(852) 2407 3062
　　　　電子郵件：info@suplogistics.com.hk

印刷　　中華商務彩色印刷有限公司
　　　　香港新界大埔汀麗路 36 號中華商務印刷大廈 14 字樓

版次　　2015 年 7 月初版
　　　　© 2015 中華書局（香港）有限公司

規格　　16 開（211 mm×170 mm）

ISBN　978-988-8366-15-6